YMA WYF INNA I FOD

Cyhoeddwyd gan Gwasg y Bwthyn yn 2024
ISBN: 978-1-917006-15-6

Cyfarwyddwr y prosiect: Angie Roberts
Golygu ac addasu'r cynnwys: Dyfan Roberts
Dyluniad mewnol a'r clawr: Ifan Emyr
Llun clawr a lluniau ychwanegol: Iolo Penri
Gwrthrych llun y clawr blaen: Gary 'Bach' Brownley ar ei gwch, Caernarfon
Llun clawr cefn: Cei Llechi, Caernarfon

Cyhoeddwyd y llyfr hwn drwy gymorth grant Cynulleidfaoedd Newydd Cyngor Llyfrau Cymru.

Noddir y prosiect hefyd gan Cwmni Da, Adra, Ecoamgueddfa, a *Papur Dre*.

YMA WYF INNA I FOD

Lleisiau Caernarfon

Straeon wedi eu casglu a'u trefnu gan Angie Roberts

Lluniau teuluol a hanesyddol gan y cyfranwyr

Ffotograffau ychwanegol gan Iolo Penri

Cyflwynir y llyfr hwn er cof am y diweddar Emrys Llywelyn Jones, 1953-2024,
oedd ar ei hapusaf yn diddanu pawb efo straeon ei annwyl Dre.
Coffa da amdano.

DIOLCH I:

Canolfan Noddfa, Peblig, yn enwedig y gweithiwr cymunedol y Parch. Mererid Mair Williams – am gredu yn y prosiect hwn o'r cychwyn cyntaf

Ysgol Syr Hugh Owen ac Ysgol yr Hendre

Cylch Meithrin Seiont a Pheblig

Dafydd Williams **www.caernarfonmemorylane.co.uk** Diolch yn arbennig i Dafydd am ei haelioni wrth rannu ei straeon, lluniau a'i gysylltiadau

Porthi Dre Caernarfon a Rhannu Sgran

Pawb yn 'Taro Fewn', Festri Capel Salem

Cynghorydd Peblig, Dewi Jones

Archifdy Caernarfon

Diolch o galon i'r holl bobl ganlynol, llawer ohonynt wedi fy ngwahodd i mewn i'w cartrefi/ hoff gaffis i rannu straeon dros baned. Rwyf wedi mwynhau pob munud – mae wedi bod yn fraint! Felly diolch o galon i:

Carys Angel, Karl Banholzer, Marian Brownley, Gary 'Bach' Brownley, Maureen Carswell, Meirion 'Cŵn Hela' Williams, Norah Davies, Trefor 'Iesu Grist' Edwards, David Elis, John Evans, Karen Evans, Carys Fox, Mari Gwilym, Eric 'Hengert', Nanno Hughes, Dewi Jones, Emrys a Doreen Jones 'Queen of the Sea', Heidi Jones, Mair Jones, Sharon 'Sbeshial Bransh' Jones, Hussein 'Kenny' Khan, Emrys Llywelyn (Jo Bach), Tony Lovell, Einir Magee, Jen 'Gins' Mullender, Desmond Mullender, Alwyn 'Taffy' Parry, Norman Phillips, Richard Pritchard (Rich Pritch), Gwilym Roberts, Doris Thomas, Eleri Gray-Thomas, Joby Tomos, Mererid Williams

Diolch yn fawr iawn i Miss Lowri Jones a disgyblion Ysgol yr Hendre. Blwyddyn 5: Lili Green, Thomas Kenyon, Ioan Edwards a Sion Beckett. Blwyddyn 4: Dafydd Gwilym, Cadog Llwyd, Gwen Hughes, Huw Jones.

Diolchiadau mawr hefyd i Miss Rebecca Ball a disgyblion bl. 7, Ysgol Syr Hugh: Sam Aston, Tirion Davies, Llew Humphreys, Dafydd James-Bevan, Lois Johnson, Lea Jones, Math Roberts a Lois Roddick-Williams.

Ffotograffau wedi eu cyfrannu gan: Karl Banholzer, Mary Ebbs, Marian Brownley, Julian Borger, Claire Donaldson, Doreen ac Emrys Jones, Canolfan Noddfa, David Ellis, Nanno Hughes, Alwyn Parry, Richard Pritchard, Carol, Tom Holland Roberts, Sue Thomas, Dafydd Williams, Gwyndaf Williams, Myra Williams, Cylch Meithrin Peblig. Diolch enfawr i chi i gyd!

Diolch o galon i Alwyn 'Taffy' Parry am sgwrsio â mi drwy e-bost yr holl ffordd o Seland Newydd, ac am rannu atgofion plentyndod hyfryd o fanwl a doniol. Petaech chi am ddarllen gweddill ei hunangofiant *A Brush with Love, Life and Laughter* fe'i cewch ar wefan Dafydd Williams ar **www.caernarfonmemorylane.com**

Cofnodwyd yn llawn stori'r ffoadur-blentyn Robert Borger mewn llyfr anhygoel o bwerus gan fab Robert, Julian, Golygydd Materion Rhyngwladol y Guardian: *I Seek a Kind Person: My Father, Seven Children and the Adverts That Helped Them Escape the Holocaust* (cyhoeddwyd gan John Murray). Diolch yn arbennig i Julian Borger am ei ganiatâd caredig i ddefnyddio ffotograffau o'i dad, ac i Claire Donaldson am ei llun o'i theulu, y Bingleys.

Os cawsoch chi'ch denu a'ch cyffwrdd gan atgofion Kenny Khan, yna cadwch lygad ar agor am ei hunangofiant *Adra* i'w gyhoeddi gan Gwasg Carreg Gwalch. Mae Kenny'n amau, gan ei fod o wedi ysgrifennu cymaint, y galla fo fod yn dri llyfr!

Dywedir stori lawn ac anhygoel Lionel Brabazon Rees VC gan W. Alister Williams yn ei lyfr *Against All Odds*, gyhoeddwyd gan Bridge Books, Wrecsam. Mae o werth ei ddarllen! Nid yw Bridge Books yn bodoli erbyn hyn, a cheisiais fy ngorau i gysylltu â'r awdur, ond heb lwyddiant. Petai gan rywun unrhyw fanylion cyswllt, rhowch wybod os gwelwch yn dda!

Diolch i Meirion MacIntyre Huws am ei ganiatâd caredig i ddefnyddio geiriau o'i gerdd deyrnged i Gaernarfon, a osodwyd i gerddoriaeth gan Geraint Lövgreen, fel teitl i'r llyfr hwn.

Diolch o galon, hefyd, i'n noddwyr Adra, Cwmni Da, Ecoamgueddfa, a *Papur Dre*. Mae eich cefnogaeth yn cael ei werthfawrogi'n fawr.

Ac yn olaf, diolch i Meinir a Marred o Wasg y Bwthyn am eu brwdfrydedd a'u hymrwymiad, i fy ngŵr Dyfan am ei olygu gofalus, i Ifan Emyr am ei ddylunio arbennig ac i Iolo Penri am ei luniau gwych.

Mae mwyafrif y straeon a gofnodwyd yn y llyfr hwn wedi eu dweud yn Gymraeg a'u recordio ar dictaphone. Cyfieithwyd yr ychydig straeon Saesneg i Gymraeg, neu eu gadael yn eu ffurf gwreiddiol, yn dibynnu ar famiaith y siaradwr, ei amgylchiadau neu ei ddymuniadau. Er enghraifft, er mai Cymro Cymraeg hollol oedd y Capten Robert Thomas, yr oedd yn ysgrifennu adref at ei deulu yn Saesneg – iaith yr ysgolion a'r holl system addysg ar y pryd.

Dwi'n gobeithio'n fawr y gwnewch chi fwynhau'r llyfr hwn. A gobeithio y byddwch chi, y cyfranwyr oll, yn mwynhau darllen eich llyfr chi gymaint ag ydw i wedi mwynhau gweithio arno.

Angie a
Doris Thomas

RHAGAIR

Mae gan bob un ohonom ei stori i'w dweud. Rhai ohonyn nhw'n ddoniol, rhai yn drist, ac eraill yn fynegiant o brofiadau sydd ddim yn anghyffredin o gwbwl – ond eu bod yn cael eu rhannu gan bawb. Ni'n hunain sydd biau ambell hanesyn, ond chwedlau teuluol ydi rhai o'r lleill, wedi eu pasio i lawr, gyda chariad, dros lawer cenhedlaeth.

Yma, yn nhref glan môr hynafol, *arbennig* Caernarfon, mae straeon y bobol wedi siapio'r Dref, wrth i stori'r Dref eu siapio hwythau. Mae Amser ei hun yn diflannu wrth i'r straeon hyn gael eu dweud, a'u hail-ddweud. Oherwydd mae cofio, gyda'i bleser a'i boen, yn dod â'r gorffennol i mewn i'r presennol. Ac mae rhoi'r bwrlwm straeon amrywiol hyn ar gof a chadw yn cludo'r presennol ei hun i ddyfodol hynod.

CYNNWYS

BE DWI'N EI GARU AM GAERNARFON	10
PLENTYNDOD	12
MAJORETTES A CHARNIFALS	18
PÊL-DROED	22
DAWNSIO	24
MIWSIG	26
RHIGYMAU CAERNARFON	30
GWANWYN	34
HAF	38
HYDREF	42
NADOLIG	44
GOLEUADAU DOLIG	50
Y RHUFEINIAID	52
HEN DREF Y PYSGOD	56
MORWYR A'U LLONGAU	60
PYSGOTA	74
SMYGLWYR, PEIRATS AC OFERGOELION	78
MA'R MÔR YN LLE PERYG	82
CREADURIAID Y MÔR	86
Y DRE A'R BYD MAWR	88
FFUGENWAU	100
CYMERIADAU'R GORFFENNOL	104
Y DDAU RYFEL BYD	114
BYWYD AR ÔL Y RHYFEL	122
BYW HEB BRES	126
BWYD	130
DILLAD	144
TEULUOEDD	146
ANIFEILIAID AC ADAR	150
Y DRE A'I LLEFYDD ARBENNIG	158
CAERNARFON GOLL	178
ATGOFION PWYSIG	186
YMA WYF INNA I FOD	190

BE DWI'N EI GARU AM GAERNARFON

Y peth gora? Ma'r lle ma'n 'mazing! Pan ti'n pysgota yn bora pan mae hi'n dod yn ola, sbio'n ôl a gweld y castell a Dre, wedyn gweld y dolffins yn torri dros y dŵr a pysgod yn neidio – 'mazing! 'Especially' pan ma'r môr fath â gwydr, ia. Fedri di ddim curo fo.

Gary 'Bach' Brownley

Fy hoff atgof i o Gaernarfon yw mynd am dro o gwmpas lle oedd Taid yn mynd pan oedd o'n hogyn bach, llefydd fel caeau'r Afon a Waterfalls a dwi wrth fy modd yn taflu cerrig i'r dŵr dros yr Aber.

Dwi'n hoffi mynd am dro rownd y castell a chael amser hefo teulu fi yno. Dwi wrth fy modd yn mynd i siop Enid am hufen iâ efo sprincls.

Lili Green, Ysgol yr Hendre

Dwi'n mwynhau'r cymeriada, y cyfeillgarwch. Fyddwch chi byth yn unig yn Gaernarfon – cerddad i fewn i unryw siop neu unryw dafarn neu unryw le a deud y gwir, a gewch chi groeso 'lly. Mae o'n digwydd ym mhob tref yn y byd reit siŵr, ond gan bod hi'n Dre *ni*, ti'n teimlo'n agos iawn ati. A be' dwi'n mwynhau ydy'r ffor' ma hi 'di datblygu, ddim 'di gadal ei hun fynd â'i phen iddi, ti'n gwbod.

Emrys Llywelyn (Jo Bach)

Dwi'n hoffi:

Mynd i'r Ŵyl Fwyd

Y Rheilffordd Ucheldir Cymreig yn estyn i Borthmadog

Gwylio gêm bêl-droed ar yr Oval

Mynd am dro ar hyd a lled y dref hefo Mam a Dad yn ystod Covid a darganfod rhannau newydd

Siôn Corn yn dod o gwmpas y strydoedd bob Nadolig

Tân gwyllt anhygoel ar y Cei bob blwyddyn.

Thomas Kenyon, Ysgol yr Hendre

A dwi'n hoffi:

Dysgu am y Rhufeiniaid. Dysgais enwau ardaloedd gwahanol (y barics), fel y gegin a lle oedd y milwyr yn cysgu. Hefyd, dallt bod cerrig o Segontium wedi mynd i adeiladu castell Caernarfon.

Ioan Edwards, Ysgol yr Hendre

Ia, ma Caernarfon yn arbennig. Wel, i fi, adra ydi o. Ac ma'n lle da i blant dyfu. Yn wahanol i'r wlad 'de, lle ti jest yn meddwl am gardd chdi jyst tu allan i'r tŷ, ond yn Gaernarfon odd Caernarfon i gyd yn 'r ardd fi. Bob man! O'n i'n rhedeg allan a rhedeg lawr i'r dre i gyd!

Sharon 'Sbeshial Bransh' Jones

PLENTYNDOD

Mi odd 'na hwyl i gael. Chase mawr, dim otsh pa ran o'r flwyddyn, dau neu dri yn mynd ar ôl deuddeg – falla ugain? Cychwyn o'r stad ac oddach chdi'n mynd rownd Dre i gyd, o ben Twtil i lawr i'r piar. Odd hi'n beryg ar adega, 'chos odd rhaid dringo reit rownd y piar, ti 'mod. Odd hi'n hwyl gneud, hefyd.

Oddan ni rŵan, hogia Cae Mur, odd gynnon ni'n gêms ein hun. Oddan ni'n mynd i lawr i'r garejis, a rodd *rhywun* 'di paentio ar un o'r drysa fan'na yn deud 'If you mix up with Olga, you get ogla!' Wedyn oddan ni'n chwara 'Blams'. Oddach chdi'n cicio pêl o un ochor y garejis i'r llall, blams ochor i ochor a blams yn erbyn drws.

Wedyn, oddan ni'n chwara am y gora i 'farw'. Dwi'm yn meddwl bod neb arall yn chwara hwnnw! Odd gynnon ni ynnau smâl, neu rhywbeth rhad o Woolworths Carnarfon, a phawb yn rhedeg 'Bang bang bang bang!' A chwara bod y gora i farw, achos yr enillydd odd yn cal saethu tro nesa. Mei odd yn cael gneud bob tro. Lluchio'i hun bob siâp. Wn i'm sut wnath o'm torri ei fraich!

Emrys Llywelyn (Jo Bach)

Ar wahân i ychydig o swings a si-so yn y parc, roedd y plant yn cael rhwydd hynt i ddyfeisio eu gemau a'u llefydd chwarae eu hunain. Daeth Twtil yn lleoliad ar gyfer ail-fyw Glyndwr yn ymosod ar fyddin ddychmygol Edward. Efo'n siacedi wedi eu clymu fel mentyll rownd ein gyddfau, yn chwifio ac yn hitio cleddyfau pren yn erbyn caeadau buniau, i gyfeiliant gweiddi a sgrechian dychrynllyd, buan y byddai byddin y Saeson yn ildio'r dydd.

Alwyn 'Taffy' Parry

Ysgol Hogia, 1962-63. Emrys ydi'r ola
ar y dde yn yr ail res o'r gwaelod

"O'n i'n hapus iawn 'ma. Ca'l modd i fyw a ca'l mynd efo cychod samon yn hogyn bach. 'Ffiffth man' o'n i o ddeg oed ymlaen ychi, bêlio'r cwch allan 'de, coilio rhaffa, a dim ond yn ca'l ryw ledan. Ha! Ond o'n i'n cal modd i fyw, o'n. Wrth y modd!"

"Oddan ni'n mynd i ben Twtil, ia, i'r bowling green a'r tennis sy' ddim yna mwy, a wedyn odd 'na slope yn fanna ac oddan ni'n sleidio lawr hwnna ar ddarn o gardbord. A wedyn odd y Baths doedd. Pob gwylia haf, yn fanna trw' dydd."

"Odd ambell i syrcas yma, doedd, syrcasus mawr yn Cae Ffwtbol. Llewod a pob dim. Ha ha! Oddan nhw'n cerddad yr anifeiliaid trw'r strydoedd ar un adag. Eliffants! Odd 'na un yn dreifio car! Rhyw lori bach isal efo rhywun o'r golwg yn dreifio, a'r eliffant yn eistedd yna, dyna be odd o."

"Odd y Barics yma, ac odd milwyr yn martsio efo gafr. Mock battles yn mynd ymlaen trw'r adag!"

Tony Lovell a John Evans

. . . Wedyn oeddan ni'n chwara yn yr Hall. Yn stad Cae Berllan odd 'na Lodgin' Hall, ym mherllan Cae Cristo. Tŷ mawr oedd o, lleiandy ar un adag. Ac mi odd o 'di disgyn yn racs, deud y gwir. Ond odd Mr Usher yna, mewn cwt bach, a hen ddyn blin odd o. Oddach chdi'n mynd yna i ofyn am 'bach o fala neu gellyg a hyn a'r llall, a weithia odd gynno fo wya yna. Ond be oddem ni'n neud odd mynd yna i *ddwyn* fala! Ond ar ôl i Mr Usher ein hen adal ni, oddan ni'n mynd i chwara yna, enwedig gêms dringo coed. O'n i'm yn licio rhain o gwbwl – o'n i'n rial babi! Ond odd Mei fatha mwnci! Odd na goeden ddu uchal, uchal, coeden gam, a pan odd Dafydd Arthur 'di mynd i chwara rygbi, odd Mei'n dringo i ben y goeden 'ma, a gweiddi "Hei, hogia, ma'r gêm ymlaen!" Oeddan ni gyd yn ei heglu hi wedyn i fyny i gaeau'r ysgol i watsiad Dafydd Arthur yn chwara . . .

Emrys Llywelyn

O'n i'n arfar dod i Gaernarfon bob weekend. Pobol drws nesa odd ffrindia fi. Plant drws nesa, oddan ni'n chwara efo nhw, fatha unryw blant. Gwbo' be' dwi'n feddwl? Dwi'n cofio gweld yr hen Pafiliwn, ac o'n i ofn. Oedd o'n hyll a tywyll ac oedd 'na wal carrag mawr chwech troedfadd. Ond o'n i'n dal i chwara yna! Ac un o'r pobol drws nesa – ti'n gwbod Jones y Pilot, hwnnw mae ei fab Emrys yn rhedeg y cwch rŵan? Wel, odd Mrs Jones o hyd yn siarad efo fi pan o'n i'n dod yn ôl. Dim Kenny ydi yn enw i go iawn. Enw fi pan ges i ngeni (a ddaru fi newid i enw fy Mam fi wedyn), odd Mohammed Hussein Khan. Odd Mrs Jones yn galw fi'n Hussein.

Ti'n gwbod y lido? O'n i'n mynd yno drwy'r amsar. O'n i bob amsar yn deifio i mewn i'r effin dŵr! Ac o'n i'n gneud dipyn bach o 'sgota. Yn y diwadd, odd teulu fi trw'r amsar yn dod yn ôl i C'narfon, efo busnas, fel arfar y markets, ac o'n i'n cal chwara efo'r cids yma bob hyn a hyn. O'n i'm yn ca'l mwy na chydig o oria efo nhw. Odd hi'n anodd gneu' ffrindia go iawn. Ond o'n i'n dal i chwara, dal yn blant, ddim yn gwbod am unryw racism adag hynny.

Hussein 'Kenny' Khan

Gen i gof am y dyddia yn Ysgol y Merched pan oeddan ni'n chwara marblis ar y tir wast rhwng Ysgol y Merched ac un y Bechgyn. Amsar y Rhyfel oedd hi a doedd gynnon ni ddim marblis gwydr. Roeddan ni'n defnyddio pob math o betha, fel mes coed a chregyn môr, ond y broblem oedd nad oeddan nhw'n rowlio'n syth iawn. Y rhai gorau o bell ffordd oedd moth balls. Roeddan ni'n gallu prynu rheiny o Woolworths. Yr unig drafferth oedd mai gêm y genod oedd chwara marblis, ond bod y bechgyn yn dod draw o hyd o'u hysgol nhw i'w sathru nhw o ran hwyl . . .

Maureen Carswell, Owen gynt

Norah, Ted a Betty Barber.
Llun: Mary Ebbs, Barber gynt

"O oddan ni'n cal amser da, yn doddan Jen?"

"Odd gennom ni imagination doedd. Oddan ni'n bildio dens, oddan ni'n gneud go-carts yn hunain allan o olwynion coetshis ac ati. A pawb gwatshiad ar ôl 'i gilydd."

"Oddan ni'n chwara hopscotch, knock-doors . . ."

"O ia, ha ha ha!"

"Cnocio drws a rhedag, ia. 'Chos os oddan ni'n ca'l 'n dal, oddan ni'n gal peltan."

"Ac os oddat ti'n gweld plismon yn dod i'r stryd oddach chdi'n petrified, oddachdi'n rhedag i'r tŷ de."

"Oddat. Os odd dy fam yn deud tyrd i'r tŷ 'NOW!', now odd o."

"Ia."

"Os odd hi'n deud, 'Ti'm yn mynd o'r stryd,' oddan ni ddim yn symud."

"Nag oddan."

"Ac odd gennom ni barch at bobol hŷn doedd. Anti odd pawb . . ."

"Ia!"

"Er, nad oddan nhw'n Anti i chdi."

"Anti Edna odden ni'n galw Anti Edna."

"A do'dd na ddim siarad yn ôl."

"Ew! Nagoedd! Sa fiw i chi!"

"Odd plismon yn roi peltan i ti os oddat ti ddim yn gwrando. 'Dos adra wan!' a clip rownd dy glust di."

"A do'dd dy fam ddim yn deud yr adag yna, 'O, wna'i reportio hwnna!' Odd na'm fath beth. Mae'n rhaid bod chi 'di gneud rhywbeth i'w haeddu fo. 'Felly be ti di neud i gal clowtan?' 'Im byd!' Oddech chdi'n cal clowtan *arall* gan dy fam wedyn am bo chdi'n crio!"

"Ha ha ha!"

"Wsti be, swn i ddim yn newid fy childhood fi am y byd, ia."

"Na!"

Jen 'Gins' Mullender, Heidi Jones, Desmond Mullender

Jen 'Gins'
a Desmond

MAJORETTES A CHARNIFALS

"Erstalwm odd gynnon ni jazz band yn y Ganolfan Noddfa yma a fanna oddan nw'n practisio. Odd hwn, Gary'n mab fi, yn y jazz band, a'i frawd."

"Ia, fi odd y mascot."

"Ia! Ha ha! Am fod o'n fach! Odd genod fi, y tair chwaer, efo kazoos a petha de. Ac odd brawd arall ar y dryms. A gathon nhw'i dysgu gyn hen soldiwr o'dd yn Drill Hall. Odd o'n byw rownd gongl 'de. Ac wedyn odd o'n dod yma ag odd o'n dysgu nhw sut i fartsio ac oddan nw'n trio competitions a petha."

"Curo pob tro! Pob tro yn curo!"

"A wnath Gary gal y gora o'r *genod* odd yn martsio fatha mascots. Odd gyn yr hen soldiar 'ma, Mellington, ffon dan ei fraich, a wedyn pan odd rhein yn martsio odd o fatha ryw Sergeant Major – ac odd hwn yn i gopio fo! Wedyn, be wnath Mellington ond roi ffon bach i Gary hefyd 'de. Oddan ni'n mynd i bob man, Manchester a Blackpool a pob dim. Wnath y jazz band guro Best Drummer yn Belle View yn Manchester yn erbyn y troupes mawr de. A ni fanna efo dillad 'di cal i gneud yn home-made!"

"Oddan ni'n gneud ffrogia i'r genod, glas a melyn. Trwsus i hogyn, a top – oedd o mwy fatha smock mewn ffor'! Y ferch sy'n byw drws nesa rŵan, dwy odd hi, os hynny, ac odd hi yn y band fatha mascot am bod Gary 'di mynd rhy hen. Ac odd hi'n martsio o Morrisons a rownd Dre. Babi bach odd hi a pobol 'di gwirioni gweld hi mor fach 'de."

"Oddan ni mewn castell efo Lady Diana."

"A wnath Lady Diana fynd at hogan hyna fi a gweld yr holl medala odd 'di cal eu pinio arni hi, a wnath Lady Diana ofyn am un. 'O sa fiw mi, fasa mam yn lladd fi!' medda hi. Ha ha! Ia, dyna odd hi 'di deud wrthi hi!"

"A nhw odd yn leadio'r carnifal yn Dre pob blwyddyn. Odd bob tro yn adag da, 'doedd."

"Wedyn ath fy hogan hŷn yn 'leader', do, ac odd gynna hi mace."

"A'i merch hitha yn gneud efo'r majorettes hefyd."

"Ma hi wedi mynd i neud 'troupes' wedyn, cario mlaen. Ond ers y feirys ma petha wedi darfod."

"Y Starliners odd 'u henw nhw."

"Peth ydi, ti'm yn cal yr help. Dyna ydy'r drwg, does na ddim i ga'l iddyn nhw. Ma nhw 'di cau pob dim. Does na'm clybs na'm byd i blant ifanc yma dim mwy."

"A pan oddan ni efo'r 'majorettes', de, genod yn dawnsio odd rhain, ond odd yr hogia'n dod efo ni hefyd! Odd na competition

Y Starliners. Llun: Marian Brownley

yn Pontins. Odd raid i'r trŵp neud rywbeth fatha 'mama'n cymyd lle'r plant' a petha de. So be wnathon ni odd ca'l yr hogia i neud o. Gesh i t-shirt ysgol gwyn a rhoid badge draig goch dros enw'r ysgol, siorts glas iddyn nhw a het cowboi glitar efo'r ddraig goch iddyn nhw, ha!"

"O ia!"

"A mi guron nhw."

"Dim ond mynadd efo plant sy' isio."

"Ac odd rhain wrth eu bodd. Am bod ni'n mynd ar ddydd Sul, oeddan nhw'n dod i ofyn, 'dach chi allan wythnos yma? Yndan. O, reit dda, meddan nhw."

Marian a Gary Brownley

Brenhines Mai Caernarfon 1924. Llun: Carol

Odd na lwyth o loris a Cwins ma erstalwm – parades efo'r Cwins i gyd yn eistedd yn cefn y loris.

Pobl 'di gwisgo car a trêlars i fyny, er mwyn i'r frenhines fach ca'l eistedd yno fo. Odden nhw'n ca'l Brenhines Ora – pob pentref mewn ffor', de.

Odd Anita Kirk yn gneud efo'r Cwins doedd. Oddan nhw'n gneud competition yn y Royal Hotel amser hynny – Celtic Royal 'di hi rŵan 'de. Ac odd Anita'n gneud y ffrogia ei hun, a rhoid tiaras ar eu penna nhw. Odd hi'n gneud pantomeimia hefyd a dysgu tap dance a ballu – The White Slipper Company, dyna be odd hi'n galw'i hun 'de.

Sut oddan nhw'n pigo nhw erstalwm? Oddan nhw'n pigo plentyn o'r llunia ysgol. Odd 'na Cwin o bob man, o bob ysgol waeth i chi ddeud. Wedyn odd 'na garnifal yn bob pentra erstalwm a parades gynnyn nhw. Odd gynna fi geffyl. Duke odd ei enw fo. Ac odd 'y mrawd wedi gneud ei hun fath ag Indian a 'di paentio'i hun efo gravy browning ac wedi cal menthyg ffon finiog fawr a shield gin y doctor. A'r ceffyl yn mynd efo mrawd yn ffrynt y parade.

Marian Brownley

Brenhines Carnifal, Gwenllian, 1979

Page Boy - Karen 'Black Boy'
Morwynion – Nadine Foulkes a Tangwen Owen

Llun: Sue Thomas

PÊL-DROED

"Odd gynnon ni dîm ffwtbol hefyd. Odd Dad 'di gneud y tîm efo ni. Ac odd rhain yn gneud yn dda hefyd."

"Ia, Noddfa wnath dechra'r tîm. Peblig United oddan nhw'n cal eu galw. Ma 'na wahanol oedran rŵan does, ond adag hynny oedd y tîms yn hogia o ddeuddeg yr holl ffor fyny i sicstin, a Noddfa'n stryglo wrth iddyn nhw golli gêms, a colli mynadd 'de. Wedyn, wnath y gŵr gymyd drosodd. Tîm o hogia odd *ddim* yn cal joinio tîms eraill. Ond oddan nhw'n chwara ffwtbol efo'i gilydd yn 'rysgol."

"Ha! Plant drwg, ia?"

"Wel, dodd neb isio nhw, dyna beth oedd ynde."

"Ond 'nath un neu ddau o'r pleiars hynny gal cynnig bod yn proffesiynol."

"Do."

"Steven B ia, i Man U."

"Ia siŵr. Ond odd yr hogia'n enjoio, a fama oddan nhw'n newid. Y tŷ 'ma odd ei changing rooms nhw! Ac weithia oddan ni'n cal cnoc ar y drws, a wedyn llais isel, 'Dach chi'n medru gneud chips ac wy i fi? Gynna fi ffifffti pi ...' 'Dwi'm isio dy bres di,' faswn i'n ddeud.

"Wedyn o'n i'n gneud bwyd iddyn nhw. Ac un tro o'n i 'di bod yn hel mwyar duon a wedi gneud teisen a medda un ohonyn nhw, 'O, ogla neis!' 'T'isio tamad?' 'Ia! Ymm - os wnawn ni fynd i hel mwyar duon i chdi, wnei di deisen i *ninna*?'

"A ffwr' â nhw. A wedyn, wrth gwrs, gorfod i mi neud teisan bob un iddyn nhw i gyd! Oddan nhw 'di dod yn eu hola efo bwcedi o'r blydi mwyar duon yn doeddan! Ha ha!"

"A chditha 'di cymyd nhw fel plant i chdi dy hun mewn ffor, de Mam."

Marian a Gary Brownley

Peblig United – Tomi Brownley ar y dde yn y cefn. Llun: Marian Brownley

DAWNSIO

Oedd 'na dansys yn y Drill Hall. A jumble sales a consarts. O'n i'n mynd i Ysgol Twtil pob nos Fawrth a dynas o Maesincla odd yn dysgu ni i ddawnsio.

Oedd na dans yn y Castell, a dyma'n ffrind i Loreen yn deud, "Wna'i fod yn partner chdi." "Iawn – cofia rŵan!" medda fi. Ond pan ddoth hi'n amsar y ddawns yn y Castall, medda Loreen wrtha i, "O, bechod, dwi'n gweld chdi'n rhy fychan. O'n i isio rywun tal i fynd efo fi." Fatha dawns floda odd o. A wnes i neud o ar ben yn hun – a llond y lle o bobol. O'n i'm ond tua wyth adeg hynny ia.

O'n i'n mynd at Miss Wyndham pob dydd Gwener i'r dawnsio balé. O chwech tan hanner awr wedi. Mam yn roi pres scollops i fi a hannar coron i dalu Miss Wyndham ia, a pres sweets. "Chawn ni ddim byta sweets yno," medda fi wrtha Mam. Cofio ni'n mynd i – wyddoch chi'r allt lle ma Feed my Lambs rŵan? – Oddan nw 'di bildio lle mawr newydd yno. Oddan ni'n mynd i fanna i neud fatha Pasiant Dolig ac o'n i'n dawnsio yno fo. Odd Mam a Nansi 'di dod yna i weld fi. Dwi 'di cal amser da, do.

Odd 'na le tennis yn top yr allt, ac odd 'na ysgol yn fanna hefyd. Ysgol genod odd hi efo brics coch. Ac oddan ni'n mynd lawr fanna i ddawnsio. Oddan ni'n gorfod roi teits du a tiwnic du, fatha silk rywsut, a slits bach yn fanna ynddi hi, a balé shws a tap shws a ces bach i cario nhw, ia. A Mam 'di rhoid y mhres i mewn i pwrs fi. Odd 'na ddim lle i newid na dim byd fel'na, ac o'n i'n gorfod newid adra cyn mynd, ia, a côt drostaf i fel hyn 'de. A Mam yn deud, "Argol, ti di lapio dy hun fel tasat ti'n mynd i North Pole!"

Ha ha!

Carys Angel

Y ddawns flodau, Eisteddfod Genedlaethol Caernarfon, 1959. Llun: Archifau Conwy

MIWSIG

Rhes Flaen – yr ail wraig i'r dde o'r tri gŵr bonheddig
ac yn gwisgo corsage mawr ydi Annie Charlotte Barber
nee Bullock (hefyd yn cael ei hadnabod fel Daisy).
Gwyddom fod ganddi lais canu hyfryd, ac aeth gyda'r
côr i'r Palas Grisial, Llundain.

Mary Ebbs, Barber gynt

Annie Charlotte Barber, fy nain

Mae'r Cymry'n enwog am eu canu, ond dydw i ddim mor siŵr os oedd ein hymdrech ni i greu Grŵp Sgiffl – drwy redeg ein bysedd modrwyog fyny ac i lawr bwrdd golchi, clapio llwyau, sugno a chwythu organ geg, drymio drwm tun ar ben i lawr a strymio cist de wag etc – yn cael ei lawn werthfawrogi. Wrth i 'Hold me down, Tom Doolie' atseinio drwy'r stafell rewllyd yr oeddem yn ei rhannu efo crêts o laeth rhad ac am ddim, mae'n siŵr y basai 'Grŵp Sniffls' wedi bod yn derm mwy addas!

Mae'n anhygoel nodi'n ddiweddarach cymaint o lwyddiant ddaeth i ran cyd-ddisgyblion ein dydd, ddaeth yn farnwyr, squadron leaders, aelodau seneddol, arglwyddi, broceri ariannol, cwnseliaid y Goron, llawfeddygon, peilotiaid awyren, rheolwyr porthladdoedd awyr, actorion *Coronation Street*, asiantau gwerthuso, prifathrawon, ditectifs, dynion busnes, a hyd yn oed ysbïwr. Ond er gwaethaf ein huchelgais gerddorol amlwg, ddaeth *neb* ohonom yn agos at efelychu'n heilun ar y pryd, Tom Jones.

Alwyn Parry

Sesiwn Roc a Rôl yn Feed My Lambs gyda'r grŵp Mayo. Llun: Tom Holland Roberts

Yn 1973, a minna'n twenty-one, ges i'n ngollwng allan o jêl a ddos i'n market trader. Unryw lle oddan ni'n gallu neud pres, oeddan ni'n mynd. O'n i mewn brass-band, yn chwara B flat tenor Trombone, ac o'n i'n arfar mynd â fo i'r farchnad, mynd ar ben orange box, chwthu lawr y saith nodyn a gweiddi "Bananas!". Ond o'n i'n lyfio miwsig fi. Erbyn yr amsar yma o'n i wedi prynu disco equipment, ac o'n i'n mynd rownd pybs yn fan'ma efo projector efo llunia o scantily dressed ladies, very, very sixties, seventies – not pervy. Sexy and cheeky! O'n i'n entyrtenio pawb yn Dre 'ma. Bones Disco. O'n i'n licio'r eidia o esgyrn – fel peirat efo skull-and-cross-bones. Ac odd yr hogan 'ma, Dundee oeddan ni'n galw hi achos odd hi'n arfar dŵad â Dundee Cake i fi bob tro, ddaru hi stopio fi yn stryd un diwrnod a deud, "There's a competition in Plas Coch. They're looking for a DJ." Oedd 'na tua wyth o DJs yno a dyma fi at y meic a deud, "What d'you think of the show so far?" A pawb yn troi rownd a gweiddi "Rubbish!", a dyma fi'n deud, "Not any longer, I'm your man!" A fi ga'th y job!

Kenny Khan

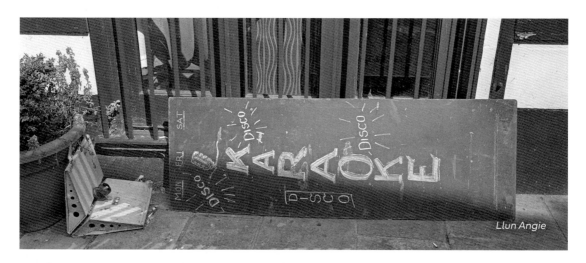

Llun Angie

RHIGYMAU CAERNARFON

O'n i'n mynd rownd ysgolion, yn actio fel y cymeriad Strempan a deud y gwir, ond o'n i'n cynnwys penillion ynglŷn â bysedd llaw, achos oddan nhw'n draddodiadol ac yn gymdeithasol. Er mai rhywbeth i fabanod bach ydy'r penillion bysadd, fel arfer ma nhw'n annog chi i gosi, yn gneud i'r fam neu'r tad neu'r teulu gosi'r babi. Wel, ar ôl y Covid 'dan ni wedi mynd i chwerthin llai a llai, pobol yn poeni mwy, pobol yn sâl, pobol yn brysur, rhy brysur i chwerthin efo babis. Ac o'n i'n poeni bod babis yn anghofio sut i chwerthin! Wedyn wnes i addasu rhigwm o Lanberis wnesh i ddysgu gan hen hogan fach dwy oed i fod yn rigwm ar gyfer Carnarfon. Felly: dach chi'n rhoi bys eich llaw dde ar gledar eich llaw chwith a mynd –

    'Rownd a rownd C'nafron …'

A wedyn efo dau fys dach chi'n cerddad i lawr y bys canol –

    'A cerddad lawr i Cei,'

Wedyn dach chi'n troi'ch dau fys rownd a cerddad at yr ysgwydd –

    'Cerddad i Ben Twtil, ia, a – cosi fanna'n slei!'

Wehei! Coswch y babi, coswch ych ffrindie, coswch bawb! Ha ha ha ha ha!

Mari Gwilym

Mari

'Si lasi ba, si lasi basa,
Cor a wela, cor a wela,
Cor a wela ding dong,
A Gwenda ydy'r gora,
A Gwenda ydy'r gora, y gooora!'

Ma'r pedwar ar flaen y llun yma 'di pasio'r 'Scholarship', ia. Be oddach chdi'n 'neud odd ffeindio teulu cyfoethog a wedyn canu'r pennill 'Si Lasi Basa' tu allan y tŷ lle 'oeddach chi'n gwbod bod chi'n mynd i gal pres da. Neu fynd i dŷ'r plentyn odd 'di pasio'r exam. Yn y llun, mae fy chwaer newydd glywed bod hi 'di pasio, ti'n gweld. Gwitsiad iddyn nhw daflud y pres. Ti'n gweld y ceinioga fanna? Ti'n gweld fi yn y gongol, blaen chwith fanna?

Rich Pritch

Rich Pritch

GWANWYN

Yn ystod cyfnod y Pasg roedd traddodiad yng Nghaernarfon sydd bellach wedi diflannu, yn anffodus. Ar ddydd Gwener y Groglith byddai dynion ifanc yn cario cadair hyd y strydoedd y Dre yn canu "Codi, codi, pwy sy' am ei chodi?" Pan oeddan nhw'n gweld merchaid roddan nhw'n gofyn os hoffen nhw gael eu codi dair gwaith yn y gadair am fagan (dimai). Fyddai'r genod byth yn gwrthod gan ei fod o'n amal yn gyfle i ffeindio cariad! A dyna fu. Codwyd llawer o fodins del ar y diwrnod. Ond y bore wedyn byddai'r merchaid yn cario'r un gadair a chanu "Codi, codi, pwy sy' am ei godi?" wrth yr hogia, ac yn gofyn am nid magan ond niwc (ceiniog) ar yr hogia am wneud. Merchaid yn cael y gorau eto!

Doedd y capeli na'r eglwysi'n hapus iawn efo ymddygiad fel hyn, ar y Pasg o bob amser! Ymateb y codwyr a'u dilynwyr oedd "Be 'di ots?" Tydi rhai petha ddim yn newid!

Emrys Llywelyn

"At y Pasg ma'r plant yn gneud cacenna, cacenna rice crispies, crempoga ... Mae gennom ni ddŵr tu allan efo anifeiliad y môr, tywod, cegin mwd."

"Dwi'n cofio gneud taffi triog pan o'n i fy hun yn y Cylch Meithrin, rhoid o mewn tray bach a mynd a fo adra."

"Ma 'na atgofion da efo pob un wan jac o'r plant meithrin 'ma deud y gwir, ond ma na un neu ddau wnewch chi byth anghofio. Cymeriada cry' de. Cocsio'u bod nhw'n ni'r oedolion. Cymyd drosodd ia! A 'dyn nhw ddim yn anghofio chi, ma nhw dal i basio yn Dre a deud, O haia Anti!"

"A wnaethom ni briodas do?"

"Do! Oeddan nhw wedi gneud pob dim i fyny o'u penna eu hunain, pob dim!"

"Gwisgo i fyny, fatha ffrog bach bridesmaid gwyn, a fynta efo crys a jeans."

"Oeddan ni 'di gneud bloda i'r plant eraill i fod fatha bridesmaids, efo invitations a'r cwbwl!"

"Odd hwnna'n un o ddiwrnodau bach da."

"Wnathon ni hyd yn oed smalio gneud cacan priodas!"

Karen Evans a staff Cylch Meithrin Seiont a Pheblig

Priodas Peblig gan Cylch Meithrin Peblig

Odd y gwanwyn a'r ha' yn ddistaw, reit ddiflas deud y gwir, pan o'n i'n byw yn Stryd Cae Mur. Yn ystod gwylia'r gwanwyn a'r gwylia ha', odd yr hogia wedi mynd. Mogs a Ken di mynd dros yr Abar efo'u mam i'r Baths, Dafydd Arthur 'di mynd i Ddolgella, Mei 'di mynd i Twtil i siarad efo'i Nain a Louis 'di mynd efo Roger a Sylvia i'r Baths hefyd.

O'n i'n hogyn bach reit eiddil, jyst yn treulio amsar yn cicio pêl yn erbyn wal y cwt a meddwl bod fi'n Roger Hunt yn sgorio gôl yn erbyn Rial Madrid. Neu'n llunio strydodd a tai a neud adeilada bach allan o bren a ballu. Oedd gin i geir Matchbox, felly o'n i'n creu trefi bach. Wedyn, os odd yr hogia o gwmpas, dros ffor i tŷ ni odd na dipyn bach o wair, felly oddan ni'n chwara ffwtbol fanna. Dau bob ochor yn cicio pêl!

Ond un diwrnod dyma 'na giang o Sgubor Goch yn dŵad. Odd gynnyn nhw ffyn a topia bunia a ballu – siŵr bod na tua tri deg ohonyn nhw. "Take them prisoner!" meddan nhw ar ucha'i lleisia. Dyma ras i gefn y tŷ lle odd Dad yn y cwt yn gneud ei waith coed. "D-d-d-dad, ma 'na giang o Sgubs ar yn hola ni!" "Be!? Cerwch i'r tŷ!" medda fo, cyn mynd i'r ffrynt yn benderfynol. Peth nesa, odd o yn 'i ôl yn wyn i gyd, cau'r drysa a rhoi bolt arnyn nhw i gyd …

Mynd ddaru nhw. Ond mi odd 'na rai plant yn cal 'u cipio 'de, mynd â nhw i Sgubor Goch a'u cloi nhw mewn cytia yn fanna, ac onibai bod nhw'n cal pres odd neb yn cal mynd adra. Wel, mi oddan nhw yn diwadd wrth gwrs! Achos be odd yn digwydd wedyn odd bod eu ffrindia nhw yn mynd at eu rhieni a deud: "Y, ma Johnny bach di cal ei ddwyn gyn y Sgubs!"

"Faint ma nhw isio?" "O, sei de." Wedyn mynd at y Sgubs efo dipyn bach o bres. Ond cyn i ddim byd ddigwydd, oedd y ffrindia yn deud: "Tyd â fo allan gynta!" Dim ond amsar hynny oeddan nhw'n estyn y pres iddyn nhw. A ras adra am y cynta wedyn!

Emrys Llywelyn

Cylch Meithrin Seiont a Pheblig

HAF

Mererid,
Nyfain a Hedd

Ma'r ha'n brysur 'chos ma 'na gynllun chwara 'di bod yn y Ganolfan Noddfa ers yr wythdega deud y gwir. Ella achos bod hi'n ardal fwy difreintiedig yn economaidd, ella bod plant ddim yn ca'l gymaint o fynd ar wylia a dim gymaint o ddyddia allan. Rhieni'n gweithio yn aml dros y gwylia achos bod hi'n dre dwristiaeth. Pobol yn gweithio'n galed iawn dros yr ha. Wedyn ma'r cynllun chwara wedi bod yn mynd yn ddi-dor ers yr wythdega: gweithgaredda crefft, gema, stori, canu – wedyn yn y 'pnawn mwy fatha jyst ymlacio, chwara pool, treulio oria yn gwneud mwclis. Plant jyst isio rywle i fynd yn dydyn, rhywle saff a chynnes.

Mererid Williams

Oddan ni'n mynd i traeth, Dinas Dinlla. Hitsh-heicio i fanna ar hyd lôn Glynllifon, cal lifft at y beach. Odd yn iawn i hitsh-heicio adag yna, y sefntis ac ati. Odd o ddim mor beryg. 'Swn i ddim yn neud o rŵan. Ond oddan ni'n mynd yn blant, sandwiches efo ni, hitsho'n ôl wedyn. Odd pawb yn nabod 'i gilydd doeddan. 'Swn i ddim 'di cymryd lifft gyn rywun rywun.

Heidi Jones

Ar un adeg oedd 'na gynllun 'Cofis Bach' yng Nghanolfan Noddfa 'ma. Prosiect celfyddydol oedd hwnna. Piti bod y grant wedi dod i ben. Ond dwi yn cofio wnathon nhw neud opera, *Cofi Opera*, un flwyddyn ac oedd hwnna'n anhygoel. Wnathon nhw drawsnewid y neuadd ffrynt yn theatr mwy 'na lai, backdrops du rownd y stafell i gyd. Oedd yr opera wedi ca'l ei sgwennu a'i chomisiynu'n arbennig ar gyfer y Cofis Bach. Owain Llwyd oedd wedi sgwennu hi. Oedd plant wedi sgwennu syniada, Llio Evans – ma hi'n gantores proffesiynol rŵan – oedd y Senotaph a Robin Lyn oedd David Lloyd George. A wedyn oeddan nhw'n sôn am hanes Caernarfon. Oedd 'na sôn am hwylio, oedd 'na sôn am adeg y rhyfel, oedd 'na sôn am y Rhufeiniad, y castell – bach o bob dim ia!

Mererid Williams

Wrth i ni'r plant fynd yn hŷn wnathon ni ddechra mynd i Noddfa. Oedd o fatha capal, ac os oddan ni'n mynd yna pob dydd Sul, odd 'na drip Ysgol Sul unwaith y flwyddyn. Ond odd rhaid dod yn regular i'r capal, pnawn a nos. Ac wedyn oddan ni'n cal ticed i Rhyl. O! Oddan ni 'di gwirioni! Gathon ni sefnti allan o sefnti attendance am bod yn capal – fedri di ddim ca'l dim gwell. Ac odd 'na llwyth ohonan ni ar bysus. Cids i gyd 'di ecseitio noson cynt. Lle ti'n ca'l mynd? Rhyl! Lle ti'n ca'l mynd? Butlins! Odd o'n peth mawr. Oddan ni'n canu ar y bys – enwedig pan oddan ni'n gweld y bont lliw glas fel 'dach chi'n dod i fewn i Rhyl.

Heidi Jones

Wedyn, adag trip Rhyl, oddan ni'n cal ticed i fynd a hanner coron. Ac efo hwnnw wnes i brynu Goldie, Labrador melyn. Odd o'n fach fel 'na . . .

Carys Angel

Roedd hi mor gyffrous, bod efo'ch teulu yn mwynhau a rhannu profiadau, fel reids ar gefn mulod a sioe Punch and Judy, er nad oedd yr un o'r ddau yna yn siarad Cymraeg. Chwarddem cymaint â'r plant mawr oedd yn deall beth gâi ei ddweud, rhag ofn iddyn nhw feddwl ein bod ni'n dwp. Rhoddwyd ymdrech ddiwydiannol enfawr i mewn i adeiladu atgynhyrchiad o Gastell Caernarfon allan o dywod, wedi ei amgylchynu â ffosydd nad oedd yn dal dŵr, faint bynnag o fwcedi oeddem ni'n dywallt i mewn. Yn y diwedd colli diddordeb, ein boliau yn dechrau grwgnach a chael ein tywys oddiar y tywod i un o'r tai bwyta a wynebai'r môr.

Alwyn Parry

"Athon ni i Sw unwaith, ag odd rhywun 'di dwyn y mwncis yno. Rhai o'r hogia ifanc. Oddan nhw 'di ffansio'r mwncis bach . . ."

"Ma nhw'n ddel yndydyn!"

"Ond gathon nhw'u dal ar y bys. He he! Fy grandson i'n un ohonyn nhw. Odd *o* isio pob anifail odd yna!"

Marian a Gary Brownley

Marian a Gary 'Bach'

HYDREF

"Dan ni'n gneud parti Calan Gaeaf, lliwio pympcins papur. Dydi'r plant bach 'ma ddim ofn meddwl am 'sbrydion a 'stlumod o gwbwl!"

"Nhw sy 'di dewis y pwnc, 'dan ni ddim yn *ca'l* dewis rŵan efo'r rheola newydd!"

"Ia, y plant sy 'di bod yn sôn am Calan Gaeaf, so 'dach chi'n ca'l gofyn rhywbeth fel – ' 'dach chi isio fi brintio? Be 'sach chi'n licio – sbeidar, pympcin?' "

"Ac yn y parti fyddan nhw'n cal disco a cŵn poeth . . ."

"A ti'n gneud soup dwyt! He he he!"

"Cawl 'de. Dwi'n gneud un pympcin fel arfer."

"Dan ni'n ca'l cacenna a petha – gofyn wrtha Morrissons a Tesco. Mi fyddan nhw'n helpu ni."

"Ma nhw reit dda, yn rhoid donation."

"Ydyn, ydyn."

**Karen Evans
a staff Cylch Meithrin Peblig**

*Yr Hydref, arddangosfa plant
Cylch Meithrin Peblig*

Byddai Tachwedd y 5ed yn cael ei ddathlu ar y dydd pan fyddai canlyniadau'n gwaith o ddyfal gasglu hen ddodrefn, bocsys, a brigau gwrychoedd yn un domen enfawr, a'i gwarchod bob dydd a nos rhag ymosodiadau plant y gymdogaeth, yn cael ei rhoi ar dân.

Alwyn Parry

Cafodd Mam ei dwyn i fyny ar Stryd Margaret wrth ymyl y cae pêl-droed. Mae ganddi hi atgofion cynnes fel plentyn o dân gwyllt ar yr Oval, a phob plentyn lleol yn hel sbwriel i greu mynydd o dân ym mhob cae swings, a chystadleuaeth rhwng y strydoedd agos i weld pwy fasai hefo'r twr ucha. Dim math o reola iechyd a diogelwch yr adeg honno!

Sam Aston, Ysgol Syr Hugh

Cyn y dathliadau hirddisgwyliedig, gwelid ni amser cinio y tu allan i siop Huxley Jones, yn edmygu'r holl amrywiaeth lliwgar o dân gwyllt oedd ar gael. Roeddem wedi cael ein gwahardd rhag mynd i mewn fel criw, am fod un o'r hogia wedi cael ei ddal am ddwyn o'r siop. Gwnaeth ei dad, crydd oedd â'i siop rownd y gornel, ddefnydd da o'i strap hogi ledar at bwrpas tra gwahanol y diwrnod hwnnw. Welais i mo'r hogyn hwnnw ers i mi adael ysgol, ond mi ddarllenais yn y papurau ariannol ei fod wedi cael gyrfa hynod o lwyddiannus ac yn werth rhai cannoedd o filiynnau o bunnau! Dychmygwch y sioe dân gwyllt fuasen ni wedi'i chael petai hynny'n wir ar y pryd!

Alwyn Parry

NADOLIG

... Ac o'n i'n cal dol a coetsh, a tun o Quality Street, a dêts, ag oddan ni'n ca'l pob math o betha. O ia, y beic. Odd fy nhad wedi'i baentio a'i ail wneud o, ac wedyn oddan ni'n mynd am dro bob pnawn Sul i fyny lôn Bethal, ac odd o'n gafal yn fy sêt i – ha ha ha! – i ddysgu fi de! Ond 'na fo – mi *wnes* ddysgu, a phan o'n i'n hŷn, o'n i'n mynd i'r ysgol ar y beic 'na.

Ia, odd 'na lot o gariad . . .

Mair Jones

"Dolig, yn bora, oddan ni gyd allan. Genod efo coetshes a dolia, a hogia efo beics."

"Ti'm yn gweld nhw allan rŵan. Fel o'n i'n deud, Dolig dwytha', wnathon ni'n dwy godi tua hanner 'di chwech a finna'n deud 'Wnawn ni weld y plant yn dod allan rŵan efo'u beics a coetshes fel oddan ni, ia.' Ond odd 'na *neb* allan!"

"Neb!"

"Ti'n gwbod pam? 'Di cal gêms yn tŷ oddan nhw. Dyna be odd o. Dim byd i redag allan efo fo."

"Ma nhw'n colli allan ar childhood brilliant."

Jen Mullender a Heidi Jones

"Blynyddoedd yn ôl fasa'r plant i gyd 'di gneud llun Siôn Corn i fynd adra, neu cerdyn. Dydan nhw ddim yn gorfod gneud rŵan. Fel oeddan ni'n deud, nhw sy'n cal y dewis. A weithia ma rhieni yn drws yn gweld un plentyn yn mynd allan efo llun Siôn Corn a plentyn arall ddim. Ma'n bechod rili. Ma hyn yn genedlaethol rŵan. Ma'r amsar yn newid. Ond fydd o'n cal ei newid eto."

"Bydd! Wrth gwrs!"

Karen Evans a staff Cylch Meithrin Peblig

"Digon o sbort amsar Dolig."

"Brawd a chwaer ydan ni. Pump o chwiorydd a tri o hogia. Wyth ohonom i gyd."

"Ddaru fi cal cop gyn Dad am ffeindio'r presanta cyn y diwrnod! 'Be ti'n neud rŵan!' medda fo. Ha ha!"

"Be oddan ni'n gal? O, oran, afal . . ."

"Rhywbeth yn y sana."

"Sana ni'n hunain, sana hen fashiwn ynde."

"Dols mawr i'r genod a tedi bêrs. Oddan ni'n gneud trimins yn yr ysgol, ychi, oddan ni'n gneud y loops 'ma ia. A coedan fel 'dach chi'n tyfu yn yr ardd 'de. Teip yna odd hi 'de. Un goeden fawr i pawb yn stryd, i hel pres i gal tegana bach i'r plant 'de."

"Gesh i fy eni yn 1946."

"A 1949 gesh i ngeni, 'de."

Doris Thomas a Gwilym Roberts

Doris a Gwilym

"Yr unig amsar oddan ni'n ca'l tanjerîns, ia, Nadolig! Yn yr hosan. Sana Dad odd gynno ni yn gorwedd ar ochr gwely felna."

"O, sana ffwtbol odd gyna i, y rhai mawr 'na!"

"Tanjerîn a Milky Bar ond – oddach chdi ddim yn ca'l llawer o gnau . . ."

"Na. A pawb dod i tŷ ei gilydd bora Dolig i ga'l drinc. Anti Edna, Yncl Aled, Mam, pawb yn mynd rownd tai ei gilydd – Meri Crusmas i chi, ia."

"Odd 'na amser grêt i ga'l, ia."

"A weithia odd y cinio'n ca'l ei ddifetha 'chos odden nhw'n feddw!"

"Ha, ha, ia, ia!"

"Cocrel oddan ni'n ca'l i ginio, dim 'di rostio, oddan ni'n berwi fo 'de."

"Dwi'n cofio ca'l cwningan i Dolig a Taid yn deu'tha ni ma chicken odd o. 'Genno chicken ddim pedwar coes,' medda ni. 'Genno hwn,' medda Taid, 'chicken sbeshial di o!' "

"Ha, ha!"

"Ia'n tad. Seriously!"

"Os odd Mam yn cal chicken, odd Mam yn cwcio fo i gyd noson cyn Dolig a fasa hi'n eista am oria. A wedyn mins peis, ac os oddach chdi'n dwyn un . . ."

"God, ia – achos odd hi'n gorod 'neud nhw fynd yn bell, doedd. Pres yn brin."

Jen Mullender a Heidi Jones

Cofio mynd i Fangor, a Mam yn deud, dos i eistadd ar lin Siôn Corn wrth ymyl y Cloc. A dyna lle o'n i'n disgwl cal fy mhresant, ia.

"Mam, dwi'm di cal presant eto!"

Erbyn dallt, 'mond eistedd ar ei lin o o'n i'n gal! He, he, he!

Ond oddan ni'n cal te parti yn y capel, ia. Afal ac orinj, tanjerîn, a bar o tsiocled bach. Ac odd Mam yn gwario Dolig, ia. Odd hi 'di prynu'r sgert tsiec 'ma i fi a pin bach yn fama arni hi, a siwmper i fatsio'r sgert, ia. Oedd Dad yn gweithio'n Amlwch a wnath o brynu cap i fi, un bach crwn fatha wool ychi, a wnath o brynu dol mawr i fi a honno'n siarad.

Odd Mam yn hel pres yn capal, ia. Pob wsnos. O, oddan ni ddim ar ôl efo llawar o ddim byd, na.

Carys Angel

Gesh i ffort, fatha castall mawr, plastig wrth gwrs, efo soldiwrs ynddo fo, milwyr, marchogion a ballu – ac odd hwnna gynno fi am flynyddodd! Fel o'n i'n mynd yn hŷn, o'n i'n gofyn 'swn i'n ca'l kit Airfix i neud llonga yn benna, a wnesh i neud llong Capten Cook. Dreulis i oria'n gneud hi, ffitio pob darn, gadal hi sychu, symud hi i'r ochr a rhoid yr hwylia ac odd hi'n edrych yn wych.

Wedyn odd 'na dân bach yn y parlwr ffrynt. O'n i di roid y llong yn ddigon pell i gal sychu'n iawn 'lly. Peth nesa glywish i? 'Chrrr – wow!' Molly'r ci wedi eista arni a'i malu hi'n racs! Wnesh i hel Molly o'r tŷ a deud – "Ti'm yn cal' dod nôl i'r tŷ tan ti'n deud sori, dallt!" Wedyn wnesh i drwsio'r llong a'i symud hi i'r llofft.

Emrys Llywelyn

"Eis crîm i bwdin diwrnod Dolig! Ha ha!"

"Ond odd Mam yn gneud pwdin Dolig 'sti. A dwi'n cofio Dad yn byta'r pishyn cynta. Oddach chdi'm yn cal eistedd lawr a byta tan odd Dad 'di dod adra, ia. Odd o'n mynd i pyb gynta. A wedi dod nôl, ga'th Dad y pishyn cynta . . . ac odd 'na bishin chwech cheiniog ynddo fo. A jyst i Dad pasio allan . . ."

"'Di tagu arno fo, ia?"

"Ia! A Dad yn deud wrth Mam wedyn, ia, 'Paid *byth* â rhoid pres yn y Pwdin Dolig eto!'"

"Ond oedd y saws gwyn 'na'n lyfli, doedd."

"Oedd!"

Jen Mullender a Heidi Jones

Nadolig oedd un o uchafbwyntiau'r flwyddyn. Tua chanol y 40au oedd hi ac 'roedd Llewelyn fy mrawd mawr wedi dweud wrtha'i am beidio disgwyl presantau Nadolig eleni am ei bod hi'n amser mor galed. "Ond Llew," medda fi, "ond . . . ond . . . be am Siôn Corn?" Atebodd yntau bod Lord Haw Haw (y pennaeth propaganda Natsïaidd) wedi dweud ar y radio bod Santa a Rudolf wedi cael eu saethu i lawr dros

Alwyn efo'i rieni - Will Parry Cwellyn ac Annie Williams

yr Almaen, a neb wedi clywed gair amdanyn nhw ers i'r Rhyfel orffen.

Ro'n i'n amau ei fod o'n cuddio rhywbeth, felly dyma fi'n penderfynu y buasai'r ddau ohonom yn aros yn hollol effro tan i Santa gyrraedd, i brofi i Llew ei fod o'n anghywir. Mi flocion ni'r simnai, a chan agor drws y llofft rhyw fymryn, dyma ni'n rhoi nifer o lyfrau i orffwys rhwng top y drws a'r ffram. Ac yn ola, rhoi potel o Corona's Dandelion and Burdock allan i Siôn Corn, a moron i Rudolf. Wedi bodloni ar ein paratoadau, dyma eistedd i fyny a'n cefnau yn erbyn y clustog-i-ddau, a chychwyn ar wyliadwriaeth hir, gyda Llewelyn yn barod a'i dortsh yn ei law i gyfarch y dyn mewn coch unrhyw eiliad . . .

Daeth Mam i mewn i'r llofft pan glywodd y llawenydd swnllyd wrth i ni ddeffro'n y bore. Roedd Siôn Corn wedi bod! Rhaid ei fod o wedi bwrw swyn drosom ni, achos wnaethon ni *ddim* deffro, a fyntau'n llenwi'n sanau-wedi-trwsio efo afal, oren, banana, pomgranad ac ychydig o fariau siocled wedi eu lapio mewn tinsel. Yn fyw gan gyffro, dad-lapiais baced papur brown oedd yn cynnwys llyfr am anifeiliaid gwyllt Affrica. Ac yn olaf, fy anrheg orau un, fy nymuniad arbennig sef Spitfire Cwmni Corgi mewn metal cuddliw!

Gan anwybyddu gor-lanw'n lleisiau diolchgar, dyma Mam yn dweud gyda gwên fod Dad yn dal yn ei wely, gan ei fod wedi gorfod helpu Santa y noson cynt i ddelifro presantau i'r holl blant eraill. Doedd Santa ddim yn teimlo'n dda iawn wedi i'r holl lyfrau 'na ddisgyn ar ei ben.

Mi ofynnodd i Dad ddiolch i ni am y ddiod a'r moron, ond yn erfyn arnom i beidio ail-adrodd tric y llyfrau 'na eto. Cytunais yn syth, oherwydd roeddwn i'n gwybod dau beth y funud honno: un, fod Santa wedi dianc, a dau, ei fod o'n siarad Cymraeg. Roeddwn hyd yn oed yn fwy sicir o hyn oherwydd iddo fo roi Spitfire i mi yn *union* fel y gofynnais iddo mewn llythyr Cymraeg, yn fy llawysgrifen daclusaf, a Mam wedi ei bostio ar fy rhan i Begwn y De.

Alwyn Parry

'Taffy' Parry a Tomos - sydd efo trwyn da at Sauvignon Blanc!

GOLEUADAU DOLIG

"Ma Don a Christine, ma nhw'n gneud goleuada Dolig pob blwyddyn a goleuo nhw. Werth eu gweld! A ma nhw'n hel pres i lot o achosion da, ia."

"Pob math o oleuada ac ornaments."

"A ma na oleuada yn top Lôn Ty Gwyn hefyd . . . "

"Pob Dolig ma pawb yn mynd rownd efo plant bach. Ma'n ca'l plant bach yn y mood – ecseitio at Dolig."

"A chwara teg iddyn nhw ia, dio'm yn rhad nagdi. Ma nhw'n rhoi croeso os 'di plant isio mynd i'r ardd i weld petha – twtshiad, ond dim chwara efo petha. Reit dda de."

"Reit dda? Ma nhw'n brilliant!"

"Gennyn nhw ceirw, gennyn nhw Siôn Corn ar y corn simna a ma Siôn Corn 'di mynd lawr a dim ond i draed o ti'n weld! Ma plant di gwirioni efo hwnna tydyn?"

"Ydyn."

"I ddeud y gwir wrthat ti, ia, ma'n rhaid bod rhan fwya o blant heddiw ma'n thick! Ma rhan fwya ohonyn efo lectric ffeiars. Fedra fo ddim dod i lawr y corn simna dim mwy, na?"

Plant Cylch Meithrin Peblig yn ymweld ag addurniadau Nadolig o amgylch y stad

"Ia. Ha ha ha!"

"Odden *ni* ddim yn cal neud tân y noson cynt."

" 'Chos oddan ni'n ofn i'r tân losgi Santa Clos."

"Ha ha! Ia!"

Jen Mullender a Heidi Jones

"Ma na dŷ yn top yn fancw efo uffar o display ar ei do fo. Ma gynny fo diwb bach wrth ymyl giat i bobol rhoid pres yn y tiwb tuag at y trydan. Ond odd o'n cal i robio'n aml hefyd."

"Plentyn yn mynd i rywla arall a malu ornaments – dwi'm yn cofio be oddan nhw rŵan – reindeer a snowmen, a hwnna di cicio nhw i gyd de, malu nhw!"

"O blaen, oddet ti ddim yn cloi dy ddrws. Neu os oddach chdi isio rywbeth, 'mond cnocio drws a gofyn. Dio'm yr un fath."

"Does na'm tryst yn neb dim mwy."

"O blaen, yr hen bobol a wedyn eu plant nhw odd yn ca'l y tai. Wedyn odd pawb yn 'nabod ei gilydd. Ti'm yn gwbod pwy sy'n byw 'ma rŵan. O blaen, o'n i'n medru deud pwy odd yn byw mewn pob un tŷ ar y stryd – a'r stryd nesa."

Marian a Gary Brownley

Wrth gwrs, ynghanol mis Rhagfyr, tua'r un adeg â'r Nadolig, mi fyddai'r Rhufeiniaid yn dathlu Saturnalia. Gwleddoedd i bawb, rhoi presantau – anrhegion bach digri, neu fodelau bach wedi eu gwneud o gwyr gwenyn –wedyn, partion ac awyrgylch carnifal . . .

Y RHUFEINIAID

'Dan ni'n mynd yn ôl mewn hanas i'r adag pan ddoth y Rhufeinwyr yma. Agricola, yn y flwyddyn 77 oed Crist, fo gododd y gaer, fel oddan nhw'n gneud ymhobman, a'i galw hi'n Segontium. Ma'r gair Segont yn dod o'r gair Seiont, yr afon odd islaw. Lle bach digon diddim odd hi i ddechra, a'r Cymru, y Brythoniaid, yn meddwl, "W, siawns i ni neud dipyn bach o bres yn fan'ma." Wedyn oddan nhw'n helpu'r Rhufeiniaid i adeiladu'r gaer. Odd hi'n gaer ysblennydd, y gaer orllewinol bella oedd gan yr Ymerodraeth Rufeinig yn Ewrop. Ma 'na farics yna, ma 'na stabla yna, ma 'na ffynnon yna a ma 'na be 'sa chdi'n alw'n strong-room, lle wnathon nhw ddarganfod aur ac arian a chroes i Minerva – i gyd rŵan yn cael eu cadw yng Nghaerdydd!

Ochr draw i'r lôn, dyna lle odd y baddondai, y baths, tri ohonyn – un cynnes, un oer ac un poeth. Odd y Rhufeinwyr ddim yn defnyddio sebon a rhyw lol felly. Chwysu oddan nhw, a ca'l asgwrn i grafu'r chwys i ffwr'. Fyddai'n mynd weithia i ochr y baths yn Segontium. Ma 'na garejs 'na, ac odd rywun di sgwennu ar y garejs 'Cofis 2, Romans 0'!

Emrys Llywelyn

Pan oedden nhw'n adeiladu'r tai yn Segontium Road South mi ffeindiodd y gweithwyr faddon efo ymyl fflat arno fo. Roedd o'n rhan o ryw hostel Rufeinig i bobol oedd eisio ymolchi ar ôl eu siwrnai. Mae'r lipbath yn dal yno yn rhywle, o dan sylfeini'r tai presennol. Pan dwi'n dweud lipbath, beth ydi o ydi bath efo ymyl i eistedd arno. Mae'n debyg y basai chwech o bobol yn medru eistedd arno fo'r un pryd, mewn stafell yn yr adeilad efo lloriau teils sgwâr, wedi ei pheintio rownd yr ochrau ac yn y blaen.

Wrth i'r amser fynd heibio mi wnes i ffurfio busnes bach o'r enw Segontium Coin.

Rhyw ffordd hwylus o ddod i gysylltiad â phobol oedd o. Un alwad ges i oedd oddi wrth rhyw ddynes oedd yn byw ar gornel Segontium Road South, a thra'n palu yn ei gardd gefn hi mi ffeindion nhw dinare, darn arian bach. Roedd hi eisio gwybod ei ddyddiad a'i werth. Ond doedd hi ddim eisio'i werthu. Os dwi'n cofio'n iawn, doedd y pishyn ddim yn perthyn i oes gynnar yr Ymherawdwr, mwy tuag at yr ail ganrif. Wedyn, dyma ŵr bonheddig arall, Bill, yn cysylltu â mi o ochor arall Segontium Road. Wrth balu yn ei ardd yntau, mi ddaeth ar draws crochenwaith a waliau cyffredinol rhyw adeilad. Ar hyd y stryd honno mae'n bosib bod siopau yno. Buasai'r lle'n ganolfan fasnachu ddelfrydol.

Ar bob cloddfa y bûm i'n rhan ohoni, rydym ni wastad yn palu allan helfa o bysgod cregyn. Roedd y Rhufeiniaid wrth eu boddau efo cregyn môr a physgod eraill, ac yn barod i dalu amdanynt. Roedd wystrys yn cael eu cynaeafu a'u gwerthu yng Nghaernarfon, a mathau eraill o bysgod hefyd. Roedd cloddfa fach yn digwydd bod wrth gefn yr hen feddygfa yn Stryd y Farchnad. Wrth i'r adeiladwyr balu i lawr bymtheg troedfedd i gael sylfeini cadarn i'r estyniad, dyma nhw'n dod ar draws wal Rufeinig. Felly, mi allai fod harbwr Caernarfon wedi ei leoli yr holl ffordd yn ôl at y fan hyn ar ryw gyfnod.

Wystrys oedd ffefryn y Rhufeiniaid, heb sôn am gocos a chregyn gleision, i gyd efo saws o'r enw garum. Cymysgedd oedd y garum 'ma o frwyniad (anchovies) a thu mewn pysgod fel macrell a phenwaig. Roedd hi'n dipyn o waith i'w baratoi o. Roeddech chi angen cafnau dwfn a thaflu'r darnau mewnol pysgodlyd 'ma i mewn iddo fo gael pydru, ac ar ôl dipyn go lew cymryd yr holl stwff allan – a hwnnw erbyn hyn yn rhyw gymysgedd gludiog a drewllyd. Hwn fyddai eich hoff saws, i'w roi dros bob dim oeddech chi'n fwyta. Roeddach chi jest yn trochi popeth ar eich plât efo fo. Pob dim yn nofio ynddo fo, hyd yn oed chi'ch hunain! Ha ha ha! Roedd rhaid iddo gael ei fewnforio o Ogledd Affrica i Gaernarfon mewn potiau amphora mawr.

Karl Banholzer

DRAENOG Y MÔR WEDI EI BOTSIO GYDA GARUM

gan Marcus Gavius Apicius, ganrif gyntaf OC

Cynhwysion

Draenog y môr (sea bass)

30 ml finegr gwin gwyn

100 ml gwin gwyn sych

mêl

olew olewydd cwbwl bur

blawd

garum neu saws brwyniad (anchovy) neu halen

nionyn

pupur du

marchbersli (lovage)

persli

oregano

Dull:

Malwch y pupur a'r marchbersli efo'r nionyn sych. Os nad oes gennoch chi nionyn sych, yna torrwch hanner nionyn yn dwt. Briwiwch y persli ac ychydig o'r oregano efo'i gilydd.

Y saws:

Rhowch yr olew olewydd pur, y finegr, y gwin, a'r garum i mewn i sosban, gydag ychydig o fêl i gydbwyso'r asid. Defnyddiwch fymryn bach o'r saws garum/brwyniad er mwyn profi'r blas, neu ychwanegwch halen. Gadewch i'r saws fud-ferwi ac yna ychwanegwch y pupur du, y marchbersli a'r nionyn gyda'r blawd ac ychydig o ddŵr. Fel mae'r saws yn tewychu, ychwanegwch y perlysiau ffresh a throwch y gwres i ffwrdd.

Potsio'r Draenog Môr:

Nid yw Apicius yn rhoi cyfarwyddiadau ar sut i wneud hyn. Felly, beth am ddefnyddio dŵr, finegr a halen?

Rhowch y draenog môr ar blat, gan dywallt y saws drosto gyda phersli ac oregano wedi eu malu.

Karl

HEN DREF Y PYSGOD

Gary Bach

"Ti 'di cal dy ddysgu gin yr hen bobol ers pan wyt ti'n hogyn bach i fedru gneud nets, yndo Gary?"

"Do. Esh i ar trolyr gynta un pan o'n i'n ddeuddag oed. O'n i fod yn yr ysgol, ond o'n i'n mynd ar drips pysgota. Fi odd yn gosod y rods, 'chos o'n i'n cal mynd efo nhw am ddim. Ar ôl tynnu pysgod allan a dad-tanglo'r leins iddyn nhw, o'n i'n cal pysgota am ddim. A dyna sut wnesh i ddysgu."

"Wedyn gest ti gwch bach yndo?"

"Odd gin i gwch bach yn hun ac o'n i'n gneud lot o bres ynddi hi – dal conger eels a petha. O'n i'n gwerthu nhw i'r Sw Môr ac yn ca'l fifftin cwid yr un gynnyn nhw. A wnesh i dal un neinti-êt powndar!"

"Ia, odd 'na ddau ohonoch chi yn gorfod mynd drosodd efo'r conger eel. Odd rhaid chi fynd â fo'n fyw yna, doedd?"

"Ddois i ag un sliwan adra efo fi, a dyma fi'n ei rhoid hi yn bath – ha ha! A ddoth Dad adra – ha ha . . . !"

"Dyn glo odd o, a wedyn odd o'n dod adra i de . . ."

"A meddwl bod Mam 'di rhedeg bath iddo – o mam bach! Ac odd na diwb yn y bath ac odd y cr'adur 'di stwffio i mewn i'r tiwb. Dad yn codi'r beipan 'ma a be welodd o ond conger eel!"

"O! Mi alwodd o hi'n llwyth o enwa de! Ha ha ha!"

"O'n i'n dal lot fawr ohonyn nhw. O'n i'n sypleio'r Sw efo nhw, ac o'n i 'di dal cimwch. Un bychan bach odd o. Rheini ma nhw'n bridio yn y Sw. Ma nhw goro rhoi dye arnyn nhw, i gal lliw glas. Ma na gafna mawr efo sections bach felna yn'o fo a ma'r cimychiaid bach i gyd yno. Unwaith ma nhw 'di tyfu tua chwech modfedd ella, ma nhw'n llithro nhw'n dôl i'r Strêts."

Gary a Marian Brownley

Does dim gymaint o gregyn gleision rŵan. Ma cychod mawr 'di lladd y lle. Trolyrs masif! O blaen o'n i'n gweld bascing siarcs a petha, ti'm yn gweld nhw 'im mwy. Pymthag, ugain mlynadd yn dôl oddet ti'n gweld nhw – yn Dinas Dinlla ffor'na, ia. Wnesh i ddal bwl siarc mewn net yn fanna.

Gary Brownley

Wchi lle ma'r pyb Crown rŵan? Odd o'n arfer bod yn Oyster Bar 'lly. Odd hyn yn oes Victoria, ac ar y pryd odd oysters yn fwyd pobol dlawd. Chris Roberts S4C sy' wedi gwneud yr ymchwil a Cwmni Da wnath y rhaglan hefo fo. Ma Caernarfon efo cysylltiad amlwg efo'r môr, ond dydi bwyd môr ddim yn cal ei weld ryw lawer yma erbyn hyn.

Dewi Jones

"Oysters? Dach chi'n byta nhw heb eu cwcio, tydach."

"Neu mewn cawl, chowder ia."

"Razor clams fyddai'n dal i fynd i'w nôl. Y rhai hir 'na. Rhaid rhoi rheini ar y grul. Acquired taste ia!"

Tony Lovell a John Evans

Dan ni'n dal pysgod ar gyfer eu gwerthu nhw, gin i un neu ddau o gwsmeriaid sydd yn prynu ffish gynno fi. Fedrith o fod yn turbot, brill, 'wbath fel'na. Seabass dwi'n dal ar y funud, efo rhwyd, a rod hefyd. A mecryll, ia, pollock a gurnards, ia. Ti'n dal mecryll o mis Ebrill i adag Hydref,

Chwith i'r dde: yn pwyso ar y rêls - Doug Lovell, yn y cefndir - Guto Dada, yn y canol - Wil Bee, yn edrych lawr ar y catsh - Emrys Snails, ac wedyn Norman Bohana. 14/7/63.
Llun ac enwau: David Ellis

wedyn ma dy Seabass di trw'r flwyddyn. Ma dy pollocks di'n dechra run fath, mis Ebrill. Dod i'r harbwr ma nhw. Saethu'r rhwydi o'r tir, a pan ma'r llanw dod i fewn mae o'n cyfro'r rhwyd, wedyn pan ma'r llanw'n mynd allan ma'r rhwyd yn llawn.

Gary Brownley

Oddan ni'n campio yn Aber Menai, mynd efo'r cwch a'r plant efo fi. Campio mewn tent a sgota efo rods, aros dros nos, berwi cregyn gleision a cocos dros tân. Rhain yn neis. Dim rhoi dŵr arnyn nhw, dim ond rhoid nhw fewn i'r sosban. Ma gynnyn nhw'u dŵr eu hunain yn y gragan. Odden ni'n hel sea asparagus (samphire). I Sbaen odd rhain yn mynd. Oddan ni'n hel nhw yn bocsys bach 'ma. Hallt neis! Ac o'n i'n cwcio nhw efo cregyn gleision a cocos dan y sêr.

Trefor 'Iesu Grist' Edwards

"Ffrio ffish dwi'n neud, a tships efo fo, 'de Gary?"

"Sea bass ma Mam yn cal weithia, a mylat di grilio."

"Gneud ffishcecs efo nhw pan dwi'n medru."

"Fedrat ti ferwi cath fôr achos ma 'na gig neis arno fo a fedri di fyta'r asgwrn hefyd. Teulu siarc ydy'r gath fôr. Fydda' i'n berwi o mewn llefrith. Ma'r asgwrn fel cartilage bysadd ac ma fy mêt i'n ffrio nhw mewn sosban o saim. Ma nhw fatha tships medda fo. Y cig yn asgwrn ceg y sgodyn, ma pobol yn tynnu fo allan a gwerthu nhw fel scampi. Ar un adag odd cychod yn gwerthu pysgod ar y Cei ei hun. Ma hynna 'di darfod rŵan."

Marian a Gary Brownley

MORWYR A'U LLONGAU

Mynwent Eglwys Peblig yn fanna, wrth gwrs, ma hanas y Dre, a mae o mor ddiddorol. Mae'r eglwys 'di cau ers blynyddoedd a does 'na ddim incwm iddi hi. Flynyddoedd yn ôl roedd 'na rywun yn byw yn fan'cw ac yn gofalu am y lle. Ond be sy'n wych ydi bod Cymdeithas Hanes Teuluoedd Gwynedd wedi cofnodi cerrig beddi'r fynwent yn y saithdega, felly ma'r wybodaeth i gyd yno. Ac wrth ddarllan y llyfra 'dach chi'n cal hanas y Dre mewn ffor'. Tua'r êtin thyrtis, ffortis, oedd 'na lot fawr o forwyr a capteiniaid yn byw 'ma. Wrth gwrs – gneud synnwyr tydi? Ma'r cysylltiad efo'r môr yn amlwg iawn yn y fynwent 'ma. Cymaint wedi boddi. Odd hi'n fywyd peryglus ofnadwy.

Ma bob teulu, 'swn i'n feddwl, efo ryw fath o gysylltiad efo'r môr. Erbyn i mi ddechra pori, o'n i'n ffeindio wrth gwrs bod cymaint o fy nheulu fy *hun* di bod yn gweithio lawr ar y Cei – yn llwytho llechi i'r schooners. A wedyn ffeindio bod 'na *ddau* gapten yn y teulu! Ond yr amsar pwysig wrth gwrs i Gaernarfon fel porthladd oedd y ddeunawfed ganrif, a chapteiniad dan bwysa creulon iawn . . .

Norah Davies

Norah

Llythyrau'r Capt. Robert Thomas, Ffordd Segontium, meistr Y Meirioneth, *un o'r llongau haearn cyntaf i'w hadeiladu yng Nghaernarfon.*

Bombay,
13 Jan 1889

My own darling Brucey *(ei ferch, Catherine Bruce)*,
How I long for you all. I don't know how I am to stay about six months more without you. I am so anxious about you with that fever in Caernarvon and I hope God will keep it away from my dear ones.

This is Sunday and it has been such a noisy one. The deck full of natives, barbers with their razors, shoemakers repairing shoes on deck, tailors mending clothes, jugglers with charmed snakes, crepe shawls, vendors of ostrich feathers. I am afraid Kate Thomas will grumble at Bob for spending money on things she could get in Carnarvon for half the money!

San Francisco,
December 1902

Commenced with a fearful thunder storm and the lightning struck the Fore Royal [yr hwyl]. The 2nd day we got amongst the ices, small — about thirty to fifty feet high, but there were dozens of them. There was ice everywhere as far as the eyes could reach . . .

Bombay,
26 Jan. 1889

My dear child,
It is a lonely life in this old cabin all day all alone.

Yesterday I went to see a bloon [balloon] *going up and when the man was up high he let go and came down in a parachute. There were 1000 or so people looking, some white and some black. It was a great sight. I wish you were with me.*

(Capt. Robert Thomas)

Peilots ydi'r teulu wedi bod ers dau gan mlynedd. Saith cenhedlaeth sti. Trwy'r êtin hyndryds odd 'na lawer o beilots a lot o longa'n dod i mewn i Gaernarfon. Odd hi'n brysur ofnadwy. Llanddwyn, dyna lle ma'r Bar yn cychwyn 'de. Mi fasa'r llonga oedd yn dod i mewn yn anelu am y tŵr bach cyn gola Llanddwyn, a fanna fasa nhw'n disgwl tan i'r peilot ddod allan atyn nhw. Fasan nhw'n dod oddi ar y llong, aros noson yn Llanddwyn weithia. Oedd 'na dri gwahanol grwp o beilots yn yr hen amser 'de. Pobol leol, arbenigwyr odd yn gwbod lle odd y problema.

Taid Emrys, Emrys a thad Emrys

Erbyn amser fy hen daid i, oedd 'na lai a llai o longa. Wedyn yn diwadd, yn hwyr yn yr êtin hyndryds, dodd dim ond y fo ac un peilot arall ar ôl. Ma'n siŵr bod y relwé di cymyd lot o'r cargos. O ganlyniad, roedd y rhan fwyaf o gargos Caernarfon yn mynd i borthladdoedd eraill yn y wlad yma, ac i gludo'r nwydda ymhellach, odd y trên yn ffrindia handi iddyn nhw. Ddaru fy hen daid yrru llythyr i'r harbwr yn cwyno bod y gwaith 'di mynd yn llai. Yn y diwadd mi aeth o i wneud gwaith rhan amser yn y jêl 'lly. Fel jêlar. Odd fy hen daid efo'r dyn dwytha i ga'l ei grogi yng Nghaernarfon. Murphy odd 'i enw o. Oedd o 'di lladd y ddynas oedd o efo hi, a hynny ar ddiwrnod Dolig. Yn Holyhead odd yr holl beth 'di digwydd. Eniwé, odd fy hen daid wedi aros i fyny i edrych ar ôl Murphy ar ei noson ddwytha 'lly. Ma'n siŵr nad odd Murphy'n medru cysgu nagoedd, ac ma'n siŵr bod y ddau wedi bod yn sgwrsio efo'i gilydd am oria. Beth bynnag, yn bora dyma Murphy'n ysgwyd llaw fy hen daid a deud, "Thank you, Mr Jones". Ac off â fo i gal ei grogi.

Ta waeth, cafodd mab i fy hen daid, fy nhaid i 'lly, ei eni yn êtin neinti ffeif. Mi wnath fy nhaid brentisiaeth yng Nghaernarfon – cwrs o saith mlynadd amser hynny. Ffortîn fasa fo'n cychwyn, fel shipwright and boatbuilder 'de. A wedyn ath o i'r môr, nid yn beilot yn syth, ond mi hwyliodd i Awstralia a llefydd fel 'na, hwylio rownd yr Horn. Odd o 'di mynd i ochr arall De America, a rownd y byd.

Staff Carchar y Sir, Caernarfon, tua 1900. Casgliad Y Werin

Fel ship's carpenter wnath o ddechra. Efo llonga coed, rodd honna'n job bwysig iawn, iawn.

Roedd llonga Caernarfon yn mynd â llechi ac yn cario teithwyr efo nhw i America. Fyny at gant a hanner medda nhw ar y daith allan. Yr Hindoo odd enw un ohonyn nhw.

Emrys Jones, Queen of the Sea

Aeth fy nhad i'r môr yn ifanc a theithio'r byd. Ei frodyr Bob a Charles hefyd. 1913 odd hi pan hwyliodd Charles i fyny'r Amazon. O'r Atlantig i Manaos – mil o filltirodd, OK? Mynd efo llechi o Ddinorwig i doi'r Tŷ Opera reit ar ben yr Amazon, a dod yn ôl efo guano a coffi o Brazil!

Pan ti'n cyrraedd yr Amazon, ma 'na Equator fanna ar ei hyd. Ac un llongwr yn deud wrth Yncl Charles, "Be careful now, cos when you cross the Equator you'll drop so far," medda fo, "I've heard of old sailors vomiting their *hearts* out." A mi *wnath* 'na rywun chwydu, medda Yncl Charles. Pawb yn sbio – aaa! Hogia pymtheg oed, rhywbeth fel 'na oddan nhw 'de. A'r boi ifanc 'ma odd wedi chwydu yn pigo rhywbeth i fyny o'r chŵd a llyncu fo'n ôl. "Argol, that was lucky!" medda fo. "Almost lost my heart!"

Odd Dad i ffwr' am flwyddyn a hannar. Dod yn ôl a rhoid ei bres i'w fam. Gwerth blwyddyn a hannar, ei becyn cyflog i gyd, a'i fam o'n mynd trwyddo fo.

"Y . . . be sy mater, Mam?"

"Ma rhywun di agor y pecyn 'ma!" medda hi.

"O, fi," medda nhad. "Esh i i'r pictiwrs yn Broadway."

"Asu! Braf ia! Argol, ma'n rhaid bod chdi'n sbesial! Pob tro ma dy ddau frawd yn rhoid eu cyflog i mi, does 'na'm marc arno fo!"

Blwyddyn a hanner odd o 'di bod i ffwrdd, a'r unig hamddan gafodd o odd i fynd i'r pictiwrs yn New York!

So am y deg mlynadd wedyn, wnath Dad byth agor ei gyflog. Yn syth i'w fam, ia!

Richard Pritchard

Llongau Caernarfon

Mae'r holl longau wrth y cei yn llwytho
Pam na chawn i fynd fel pawb i forio.
Dacw dair yn dechrau warpio
Ac am hwylio heno
I Birkinhead, Bordo a Wiclo.

Toc daw'r stemar bach i dowio
Golau coch ar waliau wrth fynd heibio.

Pedair llong wrth angor yn yr afon
Aros teit i fynd tan Gastell C'narfon
Dacw bedwar goleu melyn
A rhyw gwch ar gychwyn
Clywed sŵn y rhwyfau wedyn.

Toc daw'r stemar bach i dowio
Golau gwyrdd ar waliau wrth fynd heibio.

Llongau'n hwylio draw a llongau'n canlyn
Heddiw fory ac yfory wedyn
Mynd a'u llwyth o lechi gleision
Dan eu hwyliau gwynion
Rhai i Ffrainc a rhai i'r Werddon.

O na chown i fynd ar f'union
Dros y môr a hwylio nôl i G'narfon.

Holaf ym mhob llong ar hyd yr harbwr
Oes 'na le i hogyn fynd yn llongwr
A chael spleinsio rhaff a rhiffio
A chael dysgu llywio
A chael mynd mewn cwch i sgwlio?

O na chawn i fynd yn llongwr
A'r holl longau'n llwytho yn yr harbwr.

J. Glyn Davies, 1936

Oddan nhw'n pigo'r coed i fyny yn Canada – dyna odd y lle rhata. Y bwi coch gyferbyn â Caernarfon, bwi St. John odd yr hen forwyr yn galw hwnna yn yr êtin hyndryds. Ma St John's yn Newfoundland tydi, ac enwyd y bwi achos eu bod nhw wedi angori yna mor aml i ddisgwl teid i fynd allan cyn hwylio drost y Bar a draw i Ganada.

Rodd y pren pîn ddoth yn ôl o Ganada i Gaernarfon yn cael ei ddefnyddio yn yr holl gapeli oedd yn cael eu hadeiladu. Odd 'na lot o waith yn mynd ymlaen amser hynny.

Emrys Jones

"Odd 'na lwyth o hogia Dre yn y Merchant Navy. Hogia'r ysgol i gyd yn mynd."

"Esh i efo Blue Funnel, cwmni llonga. Top company. Oddan nhw'n mynd drwy'r Suez Canal a phob man, yn cario olew, palm oil, a latex o Malaysia. Odd y Blue Funnel yn mynd o Lerpwl i'r cyfandir – Amsterdam, Rotterdam, wedyn ymlaen i'r Dwyrain pell – China, Sri Lanka, Ceylon, Malaysia, Philippines, Indonesia, Hong Kong, Japan. Pum mis i'r Dwyrain Pell ac yn ôl i Lerpwl – hwnna odd y standard run."

"Cofi go iawn ydy John."

"Yn Twtil ges i fy magu, wedyn ar ôl gadal yr ysgol esh i fel engineer cadet efo Blue Funnel."

"Odd o'n mynd yn Offisar dach chi'n gweld."

"Odd y nhad a nhaid ar y môr. Y nhaid i oedd y Capten Tom Evans."

"Odd na fwy o gapteiniaid yn dod o fama nag unrhyw le arall yn y byd. Cei Llechi – oddan nhw'n ecsportio o fan'ma i weddill y byd, ychi. Odd y lle'n llawn o longa. Meddyliwch chi rŵan. Llanberis yn cyflogi tair mil o ddynion i neud y llechi 'de, a'r llechi yn dod lawr i fan'ma, i'r Cei. Dyna beth odden nhw'n ddeud am Gaernarfon, 'They've roofed the rest of the world' de."

"Ond fel o'dd y containers mawr yn dod i fewn, oddan nhw ddim angan gymaint o longa, 'dach chi'n gweld."

Tony Lovell a John Evans

O'n i'n licio eistedd allan ar y bow a gweld y flying fish, ma nhw'n sgleinio yn yr haul. Gleidio ma nhw. Ddaru un o'r hogia ddeud wrtha i bod o 'di dal rhai ohonyn nhw a mynd efo nhw i'r cwc i'w gwneud nhw strêt awé, ia.

John Evans

Top y Cei, ma na iard yn fanna lle odd yr ex-naval craft ma ar werth ar ôl y rhyfal 'lly. Odd 'na tua ugain o gychod yna, a be welodd Taid ond cwch o'r enw Wayfarer. A fy nhad yn deud "W, 'ma ti gwch handi!" Cwch bron yn newydd odd hi. Yn naintîn thyrti sefn gath hi ei bildio yn New York gan gwmni fferi odd yn ei rhedag hi o Long Island i Fire Island. Ddiwadd y season gynta yn '38, fuodd 'na gorwynt wnath chwalu cannoedd o dai ar Fire Island. Odd gan y boi forgej mawr ar hon sti, ac odd o'n gorfod torri'i operation i lawr. Gath o gynnig da gan Lywodrath America, sef y Nefi, amdani hi. Onibai am y corwynt 'sa fo byth 'di gwerthu hi. Eniwé, ddaru Taid a Dad ei phrynu hi yn un naw pedwar chwech – ac odd hi yma am bum mlynadd.

Teulu Emrys a Doreen ar draeth Aber Menai

Gneud tripia i Aber Menai ddaru nhw. Amser yna dodd neb efo ceir, ychi. Ar ddydd Sul, os odd y tywydd yn braf, odd o'n pigo pobol i fyny o Cei Slip – odd 'na ddoc yn fanna - a mynd efo nhw i Aber Menai. Ma 'na ddigon o dywod ar Aber Menai. Dal y cwch ar y lan a wedyn planc at y lan a pobol yn medru mynd lawr efo'u fflasgia a brechdana, dod yn ôl oria wedyn efo bagia mawr o gocos gennyn nhw, ia. Ar ddiwrnod prysur fasan nhw'n cario saith cant o bobol leol. Os odd y tywydd yn braf rodd pobol isio aros tan y cwch diwethaf, ac os oedd hi ddim yn braf, os odd y tywydd yn troi, odd pawb isio dod adra'n fuan.

Emrys Jones

Be sy'n mwya rhyfadd, esh i lawr yn un naw wyth pedwar i Plymouth. Gweld adfyrt wnaethon ni yn y *Fishing News*, dau gwch teithiwrs ar werth, can sedd. Aethom ni lawr yna, odd fy nhad yn fyw amser hynny, yn wyth deg pedwar. Wnathon ni weld hon, a hon odd y gora o'r ddwy, a dyma Nhad yn deud wrth y boi odd pia hi – ma hon yn pre-war, ma hon yn American design. Odd gynnon ni gwch tebyg ar ôl rhyfel, medda fo. Dodd o ddim yn ei nabod hi fel yr un cwch â'r Wayfarer, achos yn 1951 ath honno i ffwr' i Rhyl.

Pan ddaethon ni â hi'n ôl i fama, dyma brawd fy nhad, Yncl Dewi (odd yn beilot hefyd), yn deud: "Ma hon yn debyg iawn i'r Wayfarer, ychi."

"Naci, dim y Wayfarer ydy hon siŵr, odd honno mewn lot gwell cyflwr," medda Nhad.

"Oddach chditha hefyd, thyrti ffeif iyrs yn ôl!" medda Yncl Dewi.

A mi ffeindiodd Dewi lle odd y shaffts yn dod trwy'r cefn. Pan odden nhw'n trio cal syrtifficet ar y Wayfarer gyn Board of Trade y wlad yma, dodd y Board ddim yn hapus efo seis y shafts, achos odd 'na injans mawr arni, tair gwaith mwy na be sy gennon ni rŵan. Odd fy nhad wedi pigo shaffts newydd yn y docs yn Lerpwl ac wedi llifio tamad oddiwrthyn nhw. A dyma Yncl Dewi'n deud, "Yli, dyma fo ti'n gweld, ma'r shafft yma chwe modfedd yn fwy byr na'r llall. Ha! 'Na ti gyd-ddigwyddiad. Dan ni 'di prynu'r un gwch ddwywaith!"

Queen of the Sea

Doddan ni ddim yn gant y cant siŵr chwaith. Ond yn 1994 odd hi'n ganmlwyddiant ar y Long Island Ferry Company. Odd scipar cynta'r Wayfarer, mab y dyn wnath bildio hi, wrthi'n sgwennu llyfr am ei gychod, a hon odd yr unig gwch oddan nhw'n methu ffeindio'i hanas hi. Yn yr Ail Ryfel Byd rodd hi di ca'l ei ffitio allan fel hosbitol gen yr American Navy a wnath ei scipar cynta hi ei gwatsiad hi'n ca'l i chodi ar y long arall i'w haddasu. Liberty Ships oddan nhw'n galw cychod fel hyn, yn cario pob math o stwff drosodd i'r wlad yma amser rhyfel, 'lly. Wrth gwrs, gafodd lot o longa eu colli ar y ffor' drosodd, efo'r Jyrman sybmarîns 'de.

Ar ôl darllen llyfr y cwmni fferi, wnath rhyw foi o Holyhead, gynt o'r Nefi, sgwennu llythyr yn y papur lleol yn gofyn, "Has anybody seen this vessel?" Twigio wedyn a wnesh i ffonio fo. Wel, mi odd o a'r cwmni 'di gwirioni bod y cwch coll 'di dod i'r fei yn Gaernarfon!

Emrys Jones

Odd Dad yn gneud fatha ma Emrys yn neud rŵan – mynd efo trips rownd y bae. Seabird odd enw'r cwch. Odd hi 'di bod i Dunkirk! Odd gynnon ni foi, Ianc, ar y tripia 'ma – wel, Canadian oedd o, ond Ianc odd pawb yn galw fo. Uffarn o fecanic da. Be odd o'n neud weithia, os odd y cwch reit llawn efo Americanwyr a ballu, odd stopio'r cwch yn ganol y Strêts, deifio mewn – yn ei ddillad – a dod i fyny efo pishyn o raff yn ei geg a cyllell yn ei law, yn cocsio bod o 'di sortio rhyw broblem fawr efo'r cwch. Odd o'n ei neud o jyst i gal tips! Bob dydd Gwenar roedd pawb o'r criw yn glanio ar y Cei ac yn arfar mynd i'r Crown – yn cynnwys y ddau frawd, John Empire a Llew. A Ianc, 'di cal tips da, yn meddwl mai fo oedd bia'r citi i gyd am ddeifio i'r dŵr, ac yn swnian a chwyno bod y ddau arall yn mynd i'r Crown i rannu'r tips rhwng pawb! Wnath y ddau arall ddim lol, 'mond ei daflud o i fewn i'r doc! A nhad yn gofyn wedyn, tua faint o'r gloch odd hyn? Odd 'na ddŵr yn doc? Na, dodd 'na ddim dafn o ddŵr yn doc, medda'r ddau, ond odd 'na hen ddigon o fwd!

Richard Pritchard

Emrys 'Queen of the Sea'

PYSGOTA

Oddan ni'n sgota ar trolyrs rownd Norwy, rownd Eisland a'r North Atlantic. Odd gynnyn ni fflyd mawr amser yna, a wnesh i adael jyst cyn y Cod War. Odd 'na lot ohonon ni. Pob tro oddach chi allan, pan oddach chi'n gweld trolyrs yn y nos dywyll, oeddan nhw i gyd wedi goleuo reit drostyn. Cod odd y catsh mwya, cod mawr, mawr – bron metr, ia. Deuddag diwrnod i bythefnos oddan ni allan. Gwahanol shiffts. Oddach chdi'n cysgu pedair awr a wedyn odd y criw yn newid.

Pan ti'n dechra, y diwrnod cynta, ti'n mynd lawr i'r Ice Room efo'r catsh, ond pan ti'n gorffan dy drip 'dyn nhw ddim cweit mor ffresh nagdyn. Maen nhw dwy wythnos oed pan mae'r cwch yn dod i mewn! Ha ha! Wel, dal yn fresh falla – ond wedi rhewi'n solid! Weithia odd hi'n rhewi allan ar y dec. Y gwynt yn chwythu, yn oer, oer. Wedyn o'n i'n licio mynd lawr i'r Ice Room, sheflo rhew. Odd hi mwy cynnas yn fanna nag ar dec. Odd! Meddyliwch! Mwy cynnas yn yr Ice Room!

Trefor 'Iesu Grist' Edwards

Oedd gan Dicky Lovell gychod samon. Pan ddois i i adnabod y teulu'n well, roeddwn i â diddordeb mawr mewn ffilmio. A medda fi wrth Dicky un diwrnod, "Fasat ti'n meindio mi ddod allan efo chi?" Doedd 'na'm llawer o le rhwng y criw i gyd – pedwar, weithiau bump ohonyn nhw. Prun bynnag, mi wnathon nhw le i mi ar y cwch ac allan â ni, a mi ffilmiais i un o'r catshys mwyaf gawson nhw erioed! Ger y Foryd draw fan'cw. Mae'r ffilm yn dal gen i ac mae hi wedi mynd i Archifdy Caernarfon. Oedd gynnon ni arddangosfa yn y flwyddyn 2000 yn ardal Pendeitsh, dangosiad yn Gymraeg a Saesneg.

Karl Banholzer

Trefor 'Iesu Grist'

Ym Mehefin 1933, cofnododd John Lovell, pysgotwr o Mountain Street Caernarfon a'i griw o dri, y ddalfa fwyaf erioed o eogiaid yn Afon Menai. Roedden nhw'n pysgota â rhwydi yn y bore bach yn ymyl y baddonau cyhoeddus pan ddalion nhw haid o 41 eog, yn pwyso tua 400 pwys. Oherwydd y dŵr isel yn Afon Seiont, roedd 'na ddigonedd o eogiaid wedi bod yn y Fenai, ac roedd John Lovell a'i griw eisioes wedi dal dros 100 o eogiaid i gyd yn ystod y tymor hwnnw, a'r rheiny yn pwyso bron i 1,500 o bwysi.

A RECORD CATCH OF SALMON JUNE 1933 CAUGHT BY JOHN LOVELL CAERNARVON. N.W.

David Ellis, a llun gymerwyd gan ei ewyrth

Mae'r samon wedi mynd rŵan. Cychwynnwyd rhoi trwyddedau allan, o gwmpas mil wyth cant ymlaen, drwy law'r Faenol, ac roeddech chi'n cael ardal benodol o'r afon ble caethech chi bysgota samon ar hyd yr afon. Mi oedd gan bob teulu ei hardal arbennig. Proses reit drwm oedd hi, ac anodd hefyd. Yn gyntaf oedd rhaid i chi wrando, i'w clywed nhw'n neidio. Ac wrth gwrs mae hi un ai'n ddydd neu nos arnoch chi, yn dibynnu ar y llanw. Wedi'u clywed nhw'n neidio, 'dach chi'n ei gadael hi am dipyn bach, a wedyn taflu cylch mawr o rwyd gan obeithio'ch bod chi wedi dal y samon yn hwnnw.

Yng Nghaernarfon roedd hogiau'n magu eu teuluoedd ar samon. Roedd y drwydded yn o ddrud, pethau'n reit dynn. Bywyd caled. Weithau mi fasech chi'n mynd allan a dal dim byd. Dro arall mi gawsech chi helfa dda, ac mi oedd 'na gerbyd ar y Cei yn disgwyl amdanoch, a hwnnw'n ei gludo i'r lle y buasen nhw'n cael y pris uchaf yn y farchnad. Mi stopiodd yr holl beth yn yr un naw saithdegau. Y pysgotwyr yn cwyno nad oedd 'na fawr ddim yn dod trwodd, a dim digon i'r dynion oedd yn ymwneud â'r peth. Prin ei fod ei werth o.

Karl Banholzer

Roedd y Lovells yn rhedeg y cychod samon am bron i gan mlynedd. Ma na lot o Lovells yn y Dre. Ma pawb yn perthyn i ni. Wedi priodi hwn, wedi priodi honna – ma'r *Dre'n* perthyn i'r Lovells tydi? Y *Dre i gyd*! Gomer Lovell – bildio cychod oedd o. Dach chi'n cofio Lee Ho'n y dre ma? Y Floating Restaurant? Gomer odd un o'r giang wnath bildio hwnna. Wedi bod yn bildio'n Dre ma efo ffyrm o'r enw Graham Bunn.

Drag-nets odd gennon ni i ddal y samon. Os ti'n mynd allan ar yr Afon de, ti isio rhwydi mawr cofia, cant a hanner o lathenni o rwyd, yn mestyn allan, a tair gwryd o ddyfn (chwech troedfedd ydi gwryd). Digon o sioe! Odd y lle'n llawn o samons ychi. Cleimateisio yn fama am fod 'na ddigon o afonydd yn dod i'r môr yma. Y Seiont, y Llyfni, y Gwyrfai – i gyd yn dod allan yn y Foryd yn fan'na.

Gennon ni enwa i'r llefydd 'sgota hefyd, ia. Gathon nhw rioed eu cofnodi. Traeth Bach jyst tu allan yn fama, yr un gynta. Wedyn yn nes i lawr, dach chi'n cofio'r baths? Wel, Glasdwr oddem ni'n galw fanna. Nes i lawr wedyn, Porth Lleidiog yn ymyl y Golf Club 'de. Nes i lawr wedyn odd Tŷ Calch, ma' hwnna'n dal i fod yna heddiw.

Treasure Island – jyst tu allan i'r doc ma hwnna. Wrth ymyl y Number 9 ma pawb yn ei 'nabod fel entrans y doc. Ag eniwé, oddan ni'n griw efo Ned Lovell ac oddan ni'n trio gneud tyniad rhwyd, a Ned yn deud – "O, dach chi 'di sboilio hi, hogia, tynnwch hi 'wan". A dyma ni'n tynnu. Odd y rhwyd 'di mynd at i gilydd yn lle lledu allan, ac yn grwn ac yn neis. A fel oddan ni'n thynnu hi i mewn, dyma'r môr yn dechra byblo. Byblo efo pysgod! Ag ers hynny, wnathon ni alw fanna'n 'Treasure Island'! Ned Lovell ga'th yr enw 'na, ia.

Tony Lovell

SMYGLWYR, PEIRATS AC OFERGOELION

Odd 'na gymaint o ddwyn yn mynd ymlaen, cymaint o gynnyrch yn dod i fewn i Garnarfon, fel bod pobol bownd o neud niwc a mag a sei ar y slei. Ac un o rhein odd Boaz Pritchard oedd, digwydd bod, efo busnes teg iawn arall, sef cario dodrefn ac ati.

Wel, odd pobol 'di bod yn gweld rhyw hers ddu yn mynd rownd Carnarfon yn hwyr y nos neu'r bore bach – a phobol yn rhedag i ffwr' mewn ofn. Ond mewn amser, wnathon nhw sylweddoli mai Boaz Pritchard ac un o'i weision odd yn yr hers yn mynd dros y Foryd i Porthlleidiog. Odd na ddynion yn fan'no yn glanio efo brandi a rym a wisgi mewn casgenni.

Wedyn, odd Boaz yn mynd â rhein i dai byddigion, ac hyd yn oed os odd yn cal ei ddal (fel cafodd o yn 1838), odd yr Ynadon i gyd yn deud, "O na, dim byd o'i le!" Oddan nhw'n gwbod yn toeddan, tasa Boaz yn y carchar, fasa ddim brandi iddyn nhw! Ond odd y stori 'di tyfu gymaint, odd pobol ofn mynd allan yn y nos rhag ofn ca'l eu cipio gan yr hers ddu!

Emrys Llywelyn

"Dach chi 'di bod i Eglwys Llanfaglan ar y Foryd? Ma na beirat 'di bod 'na – wel, dyna be ma nhw'n *ddeud* – ac ma'r garrag yna efo skull-and-cross-bones. Ond mae o'n gneud sens tydi, achos porthladd odd fama. Ac os wyt ti'n wyndro sut odd petha'n cal eu cario . . ."

"Drwy'r holl dwneli 'ma o dan Gaernarfon . . ."

"Dipyn o smyglo'n mynd ymlaen 'doedd. Deffinet!"

Sharon Jones a Carys Fox

Disgyblion Ysgol yr Hendre yn gofyn cwestiynau i beirat:

Pam wyt ti yn dwyn trysor?
Sut wyt ti yn ymolchi ar y llong?

Dafydd Gwilym, Ysgol yr Hendre

Diolch am weld y cleddyf miniog. Mi
wnes i fwynhau gweld y parot lliwgar.
Dysgais bod môr ladron yn gas. Oes
mwy o drysor yn yr ysgol? Plis gai
ddod ar y llong?

Cadog Llwyd, Ysgol yr Hendre

Môr leidr ydw i. Mae gen i fachyn
pigog. Ma gen i goes bren. Mae gen
i dannedd sy'n pydru. Dydw i ddim
yn brwsho dannadd. Dydw i ddim
yn bwyta bwyd ffres. Dydw i ddim yn
caredig. Does gen i ddim dwy lygad.

Gwen Hughes, Ysgol yr Hendre

*Pasbort Môr-Leidr,
sef Barti Cas Ddu.
Enw'r parot: Poli
Hoff le: Ciwba
gan Dafydd*

*Pasbort Môr-leidr
Phibi Drwg.
Oed 6, hoff le i deithio:
Y Caribi.
gan Gwen*

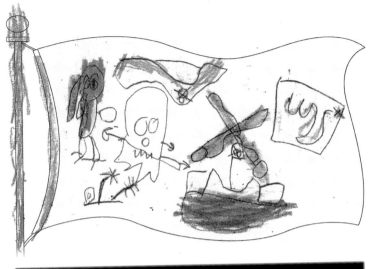

Baner newydd ar gyfer llong y môr-ladron gan Huw Jones

Odd 'na Feibl bob amsar yn gali'r llong ac oddech chi ddim i fod i'w agor o. Anlwcus. Superstition ia! A dim cap gwyrdd, 'doddan ni'm yn ca'l gwisgo dim byd gwyrdd. Petha gwirion fel'na. A pan oddach chdi'n whislo oddan nhw'n taeru bod chdi'n galw'r gwynt i ddod – 'Whistling up the wind'. Pan o'n i yna gynta o'n i jest yn whislo, meddwl dim, a dyma rhywun yn gweiddi'n uchal – "Taffi! Shut up! Stop whistling!"

Gin i earrings, a pan o'n i ar trolyrs, odd pawb ar trolyr efo earrings – cyn iddyn nhw dod yn popiwlar. Rŵan, ma pawb efo nhw tydyn? Earrings ar y ddau ochr hefyd – am lwc. *Ac* un yn y trwyn. Tatŵs hefyd, am lwc. Ma grandaughter fi rŵan, ma hi 'di cal tatŵ. Ma gin i cwch yn Dre o'r enw Periwinkle a ma hi 'di gal enw'r tatŵ o fan'na. Enw cwch fi ar ei choes!

Trefor 'Iesu Grist' Edwards

Tu allan y tŷ 'ma, yn wal Porth yr Aur, ma 'na dwll bach i fyny'n uchal fan'na. Odd y cyngor yn llenwi'r twll pob blwyddyn, ond o'n i a mrodyr yn slei bach cael gwarad o'r sment pob tro cyn iddo fo caledu, ia. A'r rheswm odd hyn – achos bo' gwennol ddu yn nythu yna bob blwyddyn. Pob dechra'r gwanwyn, odd Dad yn dod i mewn i'r tŷ a deud – "Dan ni'n mynd i roid y cychod yn dŵr heddiw." Wedyn oddan ni y plant i gyd yn gwbod bod y wennol 'di dechra gneud nyth. A wnath hynna ddigwydd dros pedwar deg mlynadd, a wnath o byth fethu. Fasa Dad na'i frodyr ddim yn twtsiad y cychod tan fasa'r wennol ddu 'di cyrradd.

Deunaw o gychod rhwyfo oedd gynno fo i heirio allan, hanner coron trw'r dydd a swllt am ddod yn ôl yn y bora, a dydd Sul, pris sbeshial. Odd y ledis i gyd yno. Rhai mewn high heels a pob dim! A wnath o'm colli un cwch – na colli sgidia, na dim byd! Ond un tro, bron iawn i fy nhad cal panic atac. Mynd at Belan Fort odd o efo llond y cwch, ond am ryw reswm wnath y bobol 'ma i gyd symud i un ochor y cwch! Sut wnath y cwch ddim mynd drosodd 'dwi'm yn gwbod. Y gwenoliaid 'di cadw nhw'n saff ma'n rhaid!

Richard Pritchard

Rich yn dair oed yn y ffrynt yn rhwyfo un o gychod ei dad.
Efo'i chwiorydd a phlant Dr Barnardo's, Bontnewydd

MA'R MÔR YN LLE PERYG

Sea Awareness, Man Overboard, First Aid. O'n i'n gorod talu sefnti ffaif cwid am pob cwrs. Yr un fath â car, fedri di'm neidio mewn i'r car a dreifio ffwr' yn na fedri? Ti'n goro pasio test. Pam whawn nhw'n gneud hynna i gychod? 'Chos ma 'na lot o benna bach yn prynu cwch a jyst mynd – dim sens gynnyn nhw. Ti'n gwbo', ma nhw'n licio gyrru. Wedyn os oes gen ti rywun mewn cwch bach yn sgota fel 'na a gin ti gwch mawr yn gyrru'n sydyn o'r tu ôl iddo fo, mae o'n gneud tonna tyndi?

Oddem ni'n hedio i mewn unwaith. Dod adra oddan ni ac wedi methu'r teid, so oddan ni'n goro cwffio'n erbyn y teid i drio cyrraedd yr harbwr. A dyma'r peth bach ma'n dod tu nôl i ni ar sbîd a ninna'n trio fflashio fo a, coelia fi, odd wake cwch ni'n anfarth! Mewn rhyw ganllath – whac – mi hitiodd y cwch bach y tonna de, ac mi ath o reit i fyny! Odd 'na hogan fach ar y cwch ac ath honna i fyny'r awyr fel'na, a – whac – landio yn ôl ar y cwch. Odd hi 'di brifo. Ma angen dysgu sut i yrru'r cychod ma. Enwedig y rhai ffast.

Ma'r môr yn lle peryg. O'n i allan un diwrnod ac yn meddwl mod i'n gweld petha. Gweld tri o betha mawr fan'na yn y môr. Dwi'n dew, yndw, ond odd y bobol yma yn betha tew *go iawn*. A dyma fi'n meddwl, sut ma nhw'n eistedd ar ben y dŵr fel na? Do'n i ddim yn gallu gweld y cwch ei hun. Mond hynna bach bach odd yn dangos uwchben y dŵr! Tri o betha mawr ma 'de, fourteen footer odd y cwch, a rhein de, tua sefntîn, êtin ston – ella mwy – yr un! 'Swn i heb eu gweld nhw, a dal i fynd ar y sbîd oddwn i'n mynd, fasa'n wake fi 'di sincio'u cwch nhw. Basa'n tad. So pob tro dwi'n gweld cwch arall dwi'n slofi lawr. Pob tro.

Gary Brownley

Odd y nhaid wedi bod yn y Boer War efo ceffyla. Ei waith o wedyn odd mynd rownd Dre efo ceffyl trwm a delifro Corona Pop, ti'n gwbo'. A bob dydd Sadwrn odd o'n mynd lawr at ymyl yr Anglesey efo'r ceffyl trwm, a llnau ei draed a llnau pob dim ar y slipwe 'na oedd yn mynd lawr i'r dŵr. Ac odd 'na ddau hogyn bach o gwmpas a jest â marw isio helpu efo'r llnau. Ond yn anffodus, ddaru'r ceffyl ei hun slipio a'u tynnu nhw dan dŵr, a wnath y ddau fach foddi wrth ymyl y bont na, ia.

Richard Pritchard

Dwi ddim yn medru nofio. Wel, ddim yn bell. Na. Ond dwi di bod dros yr ochr unwaith – efo angor yn styc arnaf i, do wir! A thyrti sics o gimyll (whelks)! Ac o'n i'n goro troi drosodd o dan y dŵr fel'na, i dynnu'r angor oddi ar fy nghoes. Uffar o angor mawr. Wnesh i agor llygada fi wedyn a ffeindio fy hun mewn lle tywyll bitsh reit ar y gwaelod. 'Doggy-paddle' i fyny – wel, o'n i'n gobeithio mai i fyny odd o, 'chos odd y nghorff 'di cal ei droi drosodd. Ond, diolch byth, mwya o'n i'n padlo, mwya cynnes odd y dŵr yn mynd. O'n i'n gwbod wedyn, fanna odd i fyny, ia. Gyrhaeddais i i top dŵr – ac odd y cwch yn dal i fynd! Neb 'di sylwi mod i 'di diflannu. Odd y boi odd wrth fy ochr i yn dal i siarad efo fi a finna'm yna! Ha ha!

O'n i'n crio am fisodd ar ôl hynny de. Pob tro o'n i'n gweld y cwch, o'n i'n troi'n ôl am adra. Pob tro! O'n i 'di dychryn go iawn de. Ac un diwrnod ma'r boi ma'n deud, 'Tyrd laen! Rŵan, ti'n goro' dod efo fi heddiw ma.' Wnesh i'm deud dim byd, ond mi esh i efo fo. Dechra gweithio. Odd pob peth yn iawn wedyn.

Gary Brownley

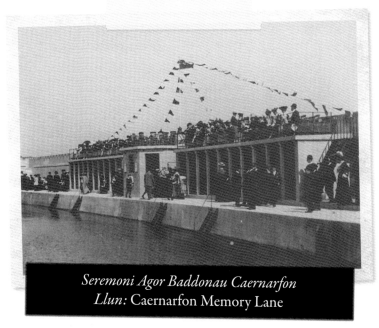

Seremoni Agor Baddonau Caernarfon
Llun: Caernarfon Memory Lane

"Y peth mwya rhyfedd welish i 'di dod i fyny o'r môr oedd corff 'di marw. Ia."

"Lladd i hunan wnath o. Yn yr hen Caernarfon Baths 'de Gary."

"Ia Mam. 'Dach chi'n cofio? Fi ga'th hyd iddo fo. Un deg dau, un deg tri o'n i? 'Di mynd i hel abwyd, crancod. O'n i'n cleimio dros y wal a lluchio'n whippet bach fi i fynd i mewn yna. Odd 'na hen chalets wrth ymyl, ac odd 'na nyth yn un ohonyn nhw. O'n i'n mynd yna pob tro odd 'na wya, a'r wya'n troi'n gywion. A'r tro yma pan esh i, wnath y cyw hedfan o'r chalet a landio reit wrth ochr y corff 'ma. O'n i'n meddwl ar y pryd ma mannequin odd o, ti'n gwbo', be ti'n ga'l mewn siop, a bod rywun 'di roid dillad arno fo. Ond pan esh i ato fo o'n i'n gweld – ooo – ei geg ar agor . . . !"

"Wnath hwnna effeithio arnat ti do."

"Do . . . Pan wnesh i reportio fo, odd o 'di bod yn missing ers pythefnos."

"Odd y police station adag yna wrth ymyl pyb yr Anglesey. Esh i efo Gary lawr yna."

"Odd gyn y boi druan siop, yn gwerthu twls a ballu, ar y Maes yn fanna."

"Fatha Ironmonger odd o, de."

"Ia. O'n i *newydd* prynu cyllall gynno fo. A wnath yr handl dorri arni, a finna isio fy mhres yn dôl gynno fo. Pythefnos wedyn ffeindis i'r creadur, 'di marw . . . "

"Ac odd i ddau frawd yna yn y police station ar y pryd doedd . . . "

"Oedd, oedd."

"Yn reportio fo'n missing. Sgiws mi, medda finna, 'dan ni yma i reportio bod corff 'di cal ei ffeindio."

"Wedyn . . . y . . . oedd rhaid i fi mynd efo'r doctor a'r police yn ôl yna . . . "

"I Gary ddangos iddyn nhw, 'de. Ffeindio rhaff rownd i ganol o. Disgwyl i'r llanw dod i fyny a dragio fo i lawr, ia.

"Dwi dal i weld o, ti'n gwbo'. Fatha bod y deryn 'di deutha i sti, fanna mae o. 'Sa fo 'di gallu hedfan unrhyw ffor'. Ond be wnath o ond . . . odd na steps fel'na, a mi landiodd y deryn bach ar yr ail stepan. Mynd yna i chwilio am y deryn bach wnesh i. Ond odd y corff odano fo sti. Oedd."

Gary a Marian Brownley

CREADURIAID Y MÔR

Weithia oddan ni'n ca'l morloi yn y net, ia. Asu, oddan ni'n gadal nhw i fynd. Oddan nhw'n vicious, trio brathu chdi. Gynnyn nhw ofn, dyna beth odd.

Oddan ni allan un noson yn y cwch wrth ymyl walia'r castell. Munud ncsa – bang ar ochr cwch! Sbio drosodd. Turtle odd yna, tua dwy droedfedd neu fwy, wedi hitio'r cwch. Ond odd o'n iawn, ia. Rŵan, ma nhw 'di cal un neu ddau yn y Sea Zoo, do. Ar goll odd o ma'n rhaid. A be wnath y cr'adur ond deud 'Whiw!' fel 'na. God! Sôn am ddychryn! A hitha ynghanol y nos, yn dywyll bitsh, ia!

Dan ni'n lladd nhw i gyd, dan ni'n lladd y môr, tydan. 'Ffernol. Ma rhein i gyd â'u llond nhw o blastig. Lot o pollution. Dan ni'n dod i fewn yn borea i fama, Cei Caernarfon, tua halff thri y bora, a dach chi'n gweld y siwrej yn tywallt i fewn i'r dŵr adag yna. Ma nw'n gadal o i gyd fynd yr amsar yna. Ma 'na broblem yn bob man.

Trefor 'Iesu Grist' Edwards

Odd y dolffins ddim yn dod i fewn i'r Fenai'n aml – dwi 'di gweld nhw pen arall i'r afon – ond rhyw bedwar blynadd yn ôl, jyst cyn Covid odd hi de, dyma ddechra'u gweld nhw'n dod i fewn i'r Fenai ei hun. Oddan nhw oddi ar Caernarfon un diwrnod, tri ohonyn, trw' dydd. Ond odd hi 'di bod yn gyfnod sych ofnadwy ac odd 'na sewin odd yn methu mynd i fyny'r afon – pob tro oddan ni'n mynd heibio'r tri ma, oddan nhw'n dod atom ni, rhoid croeso i ni de. A mewn dau funud oddan nhw'n gadal ni i fynd yn ôl i ffidio. Wneith dolffins rhoi sioe i chi weithia de, neidio a nofio dan y bow wave.

Pods bach sydd yn dod i fewn i'r Fenai, rhwng tri a saith neu wyth, ond pan ti allan yn y Bae, wnei di weld pods mawr de, ella rhyw hanner cant ohonyn nhw. Ma nhw'n glyfar ofnadwy de, ma nhw'n interactio efo chi. Trip teithiwrs cynta odd hwn yn y bora, a dyma'r chap ma'n dod off y cwch a deud, "It was lovely to see those dolphins!" "Dolphins? Where!?" medda fi. "By the green buoy that's just off Caernarfon," medda fo. Trip nesa, esh i'n nes at y bwi a dyna lle oddan nhw, lot ohonyn nhw. Esh i Belan a troi'n ôl ac ar y ffor' yn ôl ddaethon nhw atom ni eto. Pob un trip run fath, dod atom ni am ychydig o funuda a wedyn nôl i ffidio.

Emrys Jones

Y DRE A'R BYD MAWR

Fodins C'nafron

Ro'n i'n arfer edrych ar ferched Caernarfon, a'r bechgyn hefyd, ac mi oeddech chi'n gallu gweld yn glir eu bod wedi tarddu'n wreiddiol o'r garsiwns Rhufeinig. Roedd gan y merched ryw olwg Almaenig a Sbaenaidd arnyn nhw. Mi wyddwn ni, wrth gwrs, bod y milwyr gwreiddiol yn garsiwn Caernarfon yn dod o'r gwledydd yma, ac efo priodasau rhyngddyn nhw a merched lleol, 'dwi'n siŵr fod hyn hyd heddiw yn dal i gael ei basio i lawr drwy'r genes.

Gwyddom fod Macsen ei hun wedi cyfarfod ag Elen o Gaernarfon – a Chymraes oedd hi – ei phriodi a chael llawer o blant. Un ohonyn nhw oedd Publicus, a adeiladodd eglwys Llanbeblig wrth gwrs. Felly, pan wnaeth Macsen geisio bod yn Ymherawdr yr Ymerodraeth Rufeinig, a mynd â milwyr Segontium efo fo i ogledd yr Eidal, gan golli ei fywyd yn y fargen, gwyddom fod ei filwyr yn gymysg o ran hil. Roedd y milwyr traed a'r marchogion ddaeth o garsiwn Segontium, cyn belled ac y gwyddom, yn dod o lwyth y Valduni. Sbaenwyr oedd y Valduni.

Karl Banholzer

Odd pobol o bob darn o'r byd yn dod i Gaernarfon. Ma gen ti enwa'n dal i fod yma –Turkey Shore, am bod Twrcs yna am gyfnod. Oddan nhw'n dod ar y llonga, 'di dod yn bell, aros am chydig o ddyddie cyn hwylio allan eto 'lly. Odd hi'n borthladd mawr sti, odd na ddeuddeg cant o longa yn mynd i fewn ac allan ar un adag.

Emrys Llywelyn

Morwyr o'r byd i gyd 'di dod yma ac, ma nhw'n deud dydyn, fod hyn 'di effeithio ar iaith y Cofis.

Norah Davies

Mae Taid Dafydd yn dweud fod gan y Cofis iaith ei hunain lle roedd pres yn y cwestiwn. Roeddynt yn galw punt yn sgrin a swllt oedd hog, chwe cheiniog oedd sei, ceiniog yn niwc, dima yn magan a 5 swllt yn bwl.

Llew, Ysgol Syr Hugh

Wedyn y gair 'cofi'. Wel, gair Saesneg ydy o, cove yn golygu boi, lad. "Alright, cove?" fel yn nofel Charles Dickens, *Oliver Twist*. Pan odd llongwyr yn dod yma, odd llongwyr llechi ni yn deud "Alright cove?" wrth eu cyfarch nhw – a'r gair 'cove' yn y diwadd yn troi'n cofi. Ni'r hogia ydi'r cofis a chitha'r genod ydi'r fodins. Hen enw ar ferch yn y Beibl Cymraeg oedd Madlen /Modlen, a wedyn mi drodd 'modlen' yn 'y fodlen', i olygu pob merch. Ac yn y diwedd, yng Nghaernarfon

Pres	Mags
Ceiniog	Niwc
Dimai	Magan
Chwe cheiniog	Sei
Swllt	Hog
Hanner Coron	Hanner Bwl
Punt	Sgrin
Tad	Yr hen go'
Mam	Yr hen fodan
Plisman	Slop
Dianc	Miglo
Siarad	Patro
Cogio	Smalio
Cath	Giaman
Edrych	Stagio
Cerdded	Cerad
Clywed	Clwad
Lwc	Ffliwc
Gwael	Giami
Bwyd	Sgramio
Wythnos	Wsnos
Malwen	Mawlan
Sbectolau	Staggers
Merch	Fodan

Mae na fwy o eiriau ar wefan
www.caernarfonmemorylane.co.uk

(lle arall!) wnath 'fodlen' droi'n 'foden' neu 'fodan'.

Ond lle doth yr enwau am ddarnau arian – niwc a mag a sei? Efo'r gair niwc, sef ceiniog – ar gefn bob ceiniog mae llun y Cwîn (neu mi oedd!), a niwc ydi cwîn 'di troi wyneb i waered. Mae magan (dimai neu hanner ceiniog) yn air 'di dod o Ffrainc, a sei – chwe ceiniog, yn air sy'n dal i gael ei ddefnyddio yn Portiwgal. Ma'r geiria ma yn rhan o etifeddiaeth Caernarfon.

Emrys Llywelyn

Dydi Nain ddim yn rywun tawel, swil. Mae hi reit hyderus. Ond pan ddoth hi i Gaernarfon mi gafodd fraw braidd. Roedd pobol Caernarfon mor wahanol 'lly. Odd hi ddim 'di gweld pobol fel hyn o'r blaen ac yn teimlo rêl rhywun o gefn gwlad. Ond dod i arfar wnath hi, a setlo i fyw yma weddill ei hoes, dros chwe deg o flynyddodd. Ar yr wyneb ma Cofis yn hyderus, swnllyd – yr hiwmor, pawb yn nabod pawb, y cysylltiada. Mae o fel ryw we bron. I rywun o'r tu allan ma'n gallu codi bach o ofn ella. Ac ella hefyd, yn ôl yn y chwedega cynnar, roedd o i wneud â'r dafodiaith gryf, sbeshial odd gennyn nhw 'de. Ond ar y cyfan, dwi'n meddwl bod ni'n clywed llai o iaith neilltuol Cofis Caernarfon erbyn hyn, cofiwch.

Dewi Jones

Wnath Nain fi cyfarfod Taid fi ym Manchester a dod i Caernarfon i fyw. Hi nath ein magu ni. Saesnes odd hi. Wnesh i ddim siarad Cymraeg yn iawn tan gesh i blant fy hun. Cofi Dre dwi rŵan!

Trefor 'Iesu Grist' Edwards

Ond roedd Caernarfon yn le, oherwydd y môr a ballu, yr oedd pobol yn dod iddo fo o bob rhan o'r byd. Ma Caernarfon yn lle eitha cosmopolitan mewn ffor' – ers erioed 'lly. Cymwch y Maer ar y funud, Cai Larsen. Ddath ei hen daid o yma ar long o Scandinafia. A'r Faeres cyn

Y Cynghorydd Dewi, sy'n cefnogi pob digwyddiad yn y Dre yn frwd

Cai hefyd, Maria Savaki, ei thaid hi 'di dod yma fel prisoner of war adag yr Ail Ryfel Byd. Odd Maria yn gweithio mewn bwyty Eidalaidd yn Dre pan o'n i'n yr ysgol, ac odd y perchnogion yn dod o Fflorens. Tuscan odden nhw'n cysidro eu hunain, ddim yn Eidalwyr ond Tuscan. A ma na un ohonyn dal i fyw yng Nghaernarfon, 'di priodi merch leol. Yn Stryd Twll yn y Wal odd y bwyty. Oddan nhw'n licio'r vibe, hen adeilad carreg ac o hyd yn deud bod 'na deimlad Eidalaidd ar y lle o ran y Maes a'r ardal honno.

Dewi Jones

I come from Kerala. Malayalam is our local language. Kera means coconut and Kerala is land of coconut. Coconut is used for everything: hair massage, body massage, cooking, frying – everything with the coconut! And it is very tasty. Grind the coconut for the fish curry. Outside of coconut we use for rope, big, big rope – and the elephant will pull the rope. And coconut shell you use for fire for cooking. We don't drink coconut milk – very fatty, cholesterol. In India we have a lot of religions, very superstitious, they break a coconut in front of their god. Then if the coconut break it is a good thing. This is the tradition. So coconut is used for worshipping god – everything is in the coconut! Coconut tree called tree of heaven because it is good for the people. Also pure water is coming from the tree, sweet sap, cut the tree to experience toddy, is very nice you know.

I came to Devon as care worker. 2009 I became citizen here. I applied for a council house, and they sent us here – we didn't even know what was Wales. After coming we realised that everything is in Welsh, ha! But nice you know! My children, they are fully Welsh now, born in Bangor and fluent in Caernarfon Welsh! They talk like Caernarfon people, understand Malayalam and English. Ha ha! It is nice, really! But I miss Kerala, the forest, the food, the weather, the house. We were told that Britain was heaven. But no, no, home is heaven. Land of spices!

Joby Tomos

Joby

CYRI PYSGOD KERALA

For fish curry, remember in Kerala we use grinding stone for spices. Taste more nice. I use green mango, then the fish be more tasty.

Joby Tomos

Dull:

Defnyddiwch ddraenog y môr, penfras/hadog – neu unrhyw gig pysgod gwyn meddal.

Toddwch lwy fwrdd o olew cneuan goco, a ffrio'n ara un lwy de o hadau mwstard du, hanner llwy de o hadau ffenigl, llwy fwrdd o garlleg a sunsur wedi ei falu, hanner dwsin o ddail cyri ac un nionyn wedi ei falu'n fân.

Ychwanegwch halen, hanner llwy de o dyrmerig, un llwyaid bob un o bowdwr coriander, powdwr ffenigl a phowdwr chili (gofalus yma ynglŷn â faint mor boeth ydi o). Ychwanegu cwpanaid a hanner o laeth cnau coco, hanner cwpan o ddŵr, llwy fwrdd o bâst tomato a llwy de o bâst tamarind.

Ychwanegu'r pysgod wedi eu torri mewn tafelli, tomatos bach wedi eu haneru (neu lympiau mango wedi eu stemio), ac ychydig mwy o ddail cyri fel yr hoffwch y blas. Dylai'r pysgodyn fod yn barod mewn tua pum munud.

Ei weini efo reis gwyn.

'Pathan' ydi Dad, treib o'r Khyber Pass, yn styc rhwng Pacistan ac Afghanistan. Odd 'na trwbwl mawr amsar y Partition yn 1947, felly dyma Dad a brodyr fo yn joinio'r British Merchant Navy i ca'l allan o trwbwl. Doth y llong i Gaerdydd yn 1947, a wnath Dad cwarfod Mam odd yn gweithio i Jewish Jewellers yn Marcet Caerdydd. So wnath Dad jump ship i bod efo hi.

Wnathon nhw dechra gweithio'r markets i gyd – Petticoat Lane, Bridgewater, Nottingham a hefyd dros Cymru. Gwerthu watshys a jewelri. Odd Dad yn gallu gneud rygs da. Jyst rhoi pêl o llinyn sâl iddo fo, munud nesa odd 'di gneud rhaff! Mam odd yn rhedag y busnes, ac odd Dad yn dda am blagio'i ffordd rownd y Blac Marcet. Odd hynna amsar y rationing doedd. Fel merchant seaman odd Dad yn gallu ca'l gafal ar neilons, choclet, unrhyw beth odd dal ar rations. Dwi'n cofio eistadd wrth bwrdd y gegin yn Garnarfon yn byta pomigranets, a Mam a Dad yn clipio straps ar watshys.

So sut dois i i Carnarfon? Jest damwain. Wnath Mam a Dad fi rhentu y tŷ 'ma ochor arall i'r dole office, gan hen lady o'r enw Aunty Grace. O'n nhw'n comiwtio o Oswestry i Wrexham ac i fan hyn, a lawr i Pen Llŷn i delio efo ffarmwrs. Wnathon nhw'n dda, a setlo yn Carnarfon yn Jiwn 1953, a fi yn 18 mis oed. Dyna pam dois i nôl i fyw yma nes ymlaen yn 'y mywyd, achos o'n i'n cofio'r amsar hapus yma pan o'n i'n fach.

Kenny Khan

Roeddwn i'n 21oed ac wedi fy ngyrru i RAF Valley o dan y National Service. Ro'n i yno am ddeunaw mis. Roedd rhaid i mi fynd lawr i swyddfa'r clarc yn Wilmslow i ofyn lle oedd o. A medda fo:

"I don't know, I've never heard of the place. Come back in half an hour."

Felly es i'n ôl mewn hanner awr. A medda fo –

"Oh! I've got news for you."

"What's that?"

"You're going to be stationed on an island!"

Doeddwn i erioed wedi bod yng Ngogledd Cymru o'r blaen, felly mi oedd hi'n dipyn o sioc pan gyrhaeddais i gynta'. Roedd yr arfordir yn edrych yn hollol wahanol o'r trên yr adeg hynny, yr holl orsafoedd bach yma, a rheiny'n dwt a thaclus. Y peth cyntaf oeddach chi'n sylwi arno oedd bod y stationmasters yn gwneud yn siŵr bod eu gorsafoedd nhw'n edrych yn dda. O'r diwedd dyma gyrraedd gorsaf y Fali. Roeddem ni yn y gwersyll am ddau fis cyn cael caniatâd i fynd allan – i ambell ddawns yng Nghaergybi. Ond un diwrnod, meddai fy mêt wrtha'i: "Dan ni'n mynd ar 'gary', sef lori, i Fangor nos Sadwrn. Bigwn ni di i fyny ar y groesffordd". Felly dyma fi'n dechrau cerdded o'r billets a cholli'r 'gary'. Roeddwn i'n rhy hwyr. Doedd dim i'w wneud ond dechrau ei bodio hi. Petasen nhw'n gweld iwnifform fasai hi'm yn rhy ddrwg y dyddiau hynny, roedd pobol ddigon parod i'ch pigo chi i fyny.

Felly, dyma gyrraedd Bangor. Dim syniad o gwbwl lle'r oeddwn i, dim clem. Mi gerddais i lawr y Stryd Fawr, a chael fy mheint cyntaf o gwrw Cymru yn y Britannia, a wedyn mi gerddais i fyny Ffordd Caergybi, edrych draw at yr Afon Menai a meddwl, "O, tydi hwnna'n ddel, efo'r holl oleuadau!" Yn y diwedd mi grwydrais lawr i rywle tua'r Brifysgol, a chlywed miwsig. Roedden nhw wedi dweud y byddai 'na Bob Hop. Talu swllt i fynd mewn a chael dawns. Felly dyma gerdded lawr rhyw ffordd gefn a dyna lle'r oedd yr adeilad pren 'ma, mwy fel Nissen Hut dweud y gwir, i chi gael mynd i mewn, talu swllt, diod meddal a dawns.

Ar ôl rhyw hanner awr mi welais dair merch ar draws y stafell, ac mi anelais i'n syth at yr un ganol. A hi, fel y trodd hi allan, oedd y ferch y treuliais i weddill fy oes efo hi! Fy ngwraig, Cofi o Gaernarfon. Mi deimlais i groeso, a chroeso'r teulu yn syth bin. Y Lovells, hen hen deulu o Gaernarfon. Teulu mawr, y rhan fwyaf o'r diwydiant pysgota samon a changen arall o'r teulu yn gwneud cychod. Gomer Lovell lawr ar y Cei, bildiwr cychod, yn arfer rhedeg siop yno. Mi dderbyniwyd fi gan yr holl deulu am yr hyn oeddwn i, a minnau, wrth gwrs, yn eu derbyn hwythau.

Karl Banholzer

Priodas Karl a Delia Maria Banholzer, Lovell gynt

Odd Dad yn ddyn smart-looking yn ei ddydd. Rhwla rhwng Marlon Brando a Cary Grant – dyna be odd pobol yn deud wrtho fo. A tra o'n ni yn byw yn Gaernarfon cafodd o affair yn Sir Fôn, a dyma Mam yn diseidio there and then basa well i ni gyd mynd nôl i Birmingham. Erbyn hynny odd hi 'di cal saith o blant efo Dad. Dyna sut wnesh i adal Cymru a'r iaith a pob dim fel 'na, pan o'n i'n pump oed. Odd hynna yn 1957. Ond ddaru Mam ffeindio dyn arall, a gadal ni. Oedd Dad wedi greindio hi i lawr ers hir, ac odd hi isio cysur. Ond roedd Dad yn methu côpio edrach ar ôl y plant i gyd. Felly, yn 1958, ddaru ni cal yn cymyd i care yn Birmingham, a fi'n chwech oed.

Wnes i rhedeg i ffwr o'r cartra 'ma, lot o weithia. Ges 'n abiwsio, physically and emotionally gan y boi odd yn rhedag y lle – rhyw hen plasty. Odd Dad yn dod i gweld ni pob weekend. Ac achos ma fi oedd y bachgen hynna mewn teulu Moslemaidd a bolycs fel yna, fi oedd yn cal mynd allan efo fo. Ac o'n i'n gneud y rownds, a fo'n dysgu'r busnes i mi. Fel stwffio wads o bres i'n shorts i a deud, "Put them in your pocket, no-one's going to rob a kid!"

Ond un diwrnod, a fi rhyw deg oed, odd Dad yn hwyr yn pigo fi i fyny yn y cartra i fynd â fi allan, a manager y cartra, hands on hips, yn gweiddi reit i gwynab fi, "What time do you call this?" a wnes i gwylltio a gweiddi'n ôl "Don't talk to me like that! You're not *my* dad!" A dyma fo'n grabio fi yn gefn fy ngwddw a taflyd fi reit ar draws y stafall a ddaru gwynab fi hitio step y grisia. A dwi'n cofio gweld fflash o ola glas, ia, seran lectrig glas go iawn. Wnath 'na rywun cario fi fyny grisia, a ges i'n rhoid mewn isolation. O'n i'n sâl iawn, iawn.

Felly, wnes i planio i redag i ffwr i tŷ Dad, pum milltir i ffwr' yr ochor arall i Birmingham. Ac ar rhyw dydd Llun yn July 1963 gychwynnis i. Wnath dau neu dri ffrind o ysgol helpu fi dipyn o'r ffordd a rhoi reid i mi ar bar y beic. Ond ar ôl Sbageti Junction odd raid i fi gerddad y gweddill. Gollis i'n ffordd, do! Yn diwadd ffeindis i'r tŷ, ond dim ond fy stepsister Anne oedd yno, a ddeudais i "I've run away. You've got to hide me. Where's Dad?" Ac ar y gair, pwy droiodd i fyny ond y boi o'r Cartra Plant. Mi gydiodd o yno i a dechreuais i gwffio'n ôl fel diawl. Oedd gynnyn nhw bwrdd drop leaf ac mi gydiais i yn y drop ac odd y boi yn dragio fi a stampio ar traed fi a tynnu fi ar draws y llawr a'r bwr' yn dod efo fi, a'r eiliad nesa pwy gerddodd drwy'r drws ond Dad, efo'n stepmother i, a dyma fo'n deud, "He's staying!" Adawis i'r Cartra Plant legally, efo brodyr a chwiorydd fi, ar Awst Pumed,1963.

Erbyn o'n i'n sicstîn – wel cyn hynny a bod yn onast – o'n i ar y ffor' i fod yn criminal, a hynny drwy cefnogath fy stepmother. O'dd hi ddim eisio ni o gwmpas a deud, "Go and get a job on the markets". O'n i tua deuddag. Dois i'n barrel boy, yn gwerthu fruit and veg yn y Bullring. Rheswm da i fynd allan o'r tŷ, 'chos dodd y tŷ ddim yn saff i mi. Dyna fel oedd hi. Ond odd gynno i'n dal gonnection cry efo Caernarfon, a pan o'n i'n cyrraedd y sein Welcome to Wales ar yr hen A5, ddim yn bell o rhyw gwmni gwerthu gwlâu o'r enw Seventh Heaven, oedd llanast budur Birmingham yn disapirio fel niwl ac o'n i'n teimlo'n rhydd. Fel 'swn i'n fflio. Ac o'n i'n gweddïo ar Duw y dyddia hynny, y basa'r car yn torri i lawr i cal aros yng Nghymru yn hirach . . . Ond wnath o ddim.

Kenny Khan

Llun Angie

FFUGENWAU

"Ma na hen deuluoedd ma, sy 'di bod yma ers canrifoedd. Teulu Twm Twms – ti di clywed amdanyn nhw? A teulu Jac Gins oeddan ni. Sammy String, 'na ti gymeriad, odd 'na sbort i gael efo fo."

"Un peth de, o'n i'n gweithio yn gneud lôn newydd ma, y by-pass. Dodd Sammy String ddim yn gweithio. Ond pob dydd Mercher odd o'n dŵad yma – isio benthyg sgidia fi, isio benthyg côt fi, i fynd i seinio'r dôl. Dod yn ôl o'r dôl, a wedyn tynnu sgidia a siacad fi."

"Os oeddech chdi'n mynd mewn hen ddillad i'r lle dôl, oddan nhw ddim yn sbio arnoch chi. Oddan nhw'n stopio dôl chi fel 'na."

"Oedd Dic Simple yn gneud lot efo charities, ia, one of the best!"

"Wedyn 'na chi teulu Slwtsh, a teulu'r Waxes. Odd Dafydd Wax y tad, efo cychod. A teulu'r Napoleons, oddan nhw efo cychod yn y Cei hefyd, doeddan."

Jen a Desmond Mullender, a Heidi Jones

John Fawr odd taid. John Chwain odd lot yn galw fo. A be oedd y Chwain 'ma ond enw'r ffarm odd Taid yn gweithio yndd hi pan odd o'n ifanc – Gelli Faen. Odd pobol rownd fama yn methu deud Gelli Faen. Be o'n nhw'n ddeud yn 'i le o odd Ceillia Chwain! A mi ath John Gelli Faen yn John Ceillia Chwain. A wnath yr enw yna sticio.

Dienw

Mewn ffordd ysgafn, 'dwi'n cyflwyno'r ffugenwau canlynol:

Deryn Mawr, Pen Mul, Sodlau Aur, Cachu Menyn, Dick Wallgo, Fannie Fourpence, Dick Salmon, Gladys Gwcw, Maggie Pudding, Ifan Gannwyll, Harri Haul, Poli Parrot, Bobbie Muffins.

Eric 'Hengert'

Gychwynnodd yr enw Piblo Beans pan oedd fy hen hen daid yn fachgen wedi mynd i'r siop ar negas i ryw Mrs Piblo. Ac wrth fynd roedd o'n ailadrodd yn uchel wrtho fo'i hun yr holl ffordd i'r siop – "Bîns i Mrs Piblo, bîns i Mrs Piblo" – drosodd a throsodd, fel nad oedd o'n anghofio'r negas. Wrth gwrs, mi glywodd pawb o, a maen nhw'n dal i nabod fy nhaid, John Glyn Williams, fel Piblo Bîns hyd heddiw. Mae'r ffugenw dros gant oed!

Einir Magee

Yn Garnarfon ma, ma llawer o hogia yn cal enwa'u mama. Kevin Magi Annie, Huw Margiad ac yn y blaen, ac yn y blaen. A finna, gan fy mod i mor fychan, oddan nhw'n gorod rhoid bocs i mi i dynnu lifars wrth ymyl y peiriant argraffu. Enw Nhad odd Joseff, felly gesh i ngalw'n Jo Bach.

Odd Wil Napoleon yn gymeriad. Odd pawb yn meddwl bod o'n hogyn drwg ond t'odd o ddim. Odd o'n cwffio, oedd. Ond os oddach chdi'n ei nabod o, oddach chdi'n iawn de. Rŵan, lle ddath yr enw Napoleon? Ei hen daid o'n cwffio efo Wellington yn Waterloo? Rwtsh llwyr! Llong odd y Napoleon, a teulu Wil odd yn rhedeg y llong. Wedyn wnath o'i symud hi o Garnarfon i ochra Mostyn i'w throi hi'n gwch stêm. Ond wnath hi'm cyrradd, mi ath i lawr.

Odd 'na ffilm enwog, *Prince Valiant*, yn cael ei gwneud yng Nghaernarfon, ac odd hogia'r dre – Wil Napoleon, Deio Bach, Harri Piblo, o dwi'm yn cofio'r enwa i gyd – oddan nhw i gyd wedi cael 'u cyflogi i fod yn Feicings. Oddan nhw'n ca'l eu gwisgo mewn ryw ffyr mawr a hetia efo cyrn a ballu ac oddan nhw'n cal pump swllt am y gwaith – pres mawr adeg yna. Oddan nhw'n newid i'r dillad yn Aelwyd yr Urdd a wedyn lawr at y dŵr. A be odd gynnyn nhw go iawn odd cwch injan wedi ei chuddiad i edrych fel longboat Feicings. A dyna lle odd Vivien Leigh, prif arwres y stori, yn barod i gael ei throchi fel rhan o'r action.

Beth bynnag, tipyn ar ôl gorffan y ffilmio, dyma nhw'n dangos y ffilm ma'n y Sinema'r Majestic yn Dre, a phawb yn tyrru yna i'w weld o. Ond er syndod i bawb, ar y diwadd dyma Napoleon allan yn flin fel tincar.

"Be sa'n ti Wil?"

"Mi luchish i'r fodan 'na i'r dŵr chwech o weithia yndo," medda fo, "ond dim ond un waith ddaru nhw dangos o!"

Wedi bod yn ffilmio, mi ath Wil yn ôl i'r lle dôl, a llenwi'r fform arferol. Ac o dan Previous Appointments – be sgwennodd Wil oedd 'Film Actor'. Er mai dim ond un siot oedd ohono fo yn yr holl ffilm!

Oddach chdi'n mynd i mewn i'r Anglesey, a dyna lle bydda fo. 'Run peth bob tro.

"Peint Wil?"

"O hogyn da! Cofi Dre de, Cofi Dre! Cofis yn iawn sti."

Emrys Llywelyn

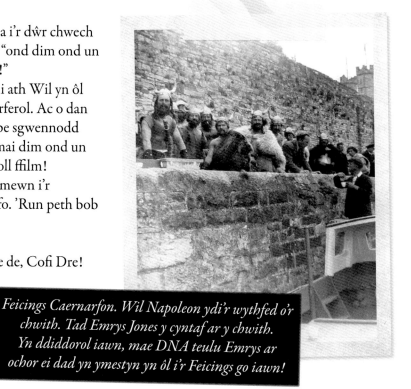

Feicings Caernarfon. Wil Napoleon ydi'r wythfed o'r chwith. Tad Emrys Jones y cyntaf ar y chwith. Yn ddiddorol iawn, mae DNA teulu Emrys ar ochor ei dad yn ymestyn yn ôl i'r Feicings go iawn!

Fy hen, hen Daid – fel Jac Gins oedd o'n cal ei nabod. O'n i'n meddwl ei fod wedi dwyn *gin* – ond dim dyna be di'r stori. Dal cwningod odd o efo be oddan nhw'n alw'n gin traps, a mi gafodd o jêl am hynna. Ond chath o'm llawar chwaith – dau neu dri diwrnod yn jêl Caernarfon ei hun, lawr wrth ymyl y Court House. Wsti, yn ymyl yr Anglesey yn fanna. Weli di'r ffenestri na? Fanna odd y cells i gyd. Ond gafodd Jac ddim ffein na'm byd, 'chos dodd gynny fo jest dim pres i dalu. Cwningod – yr unig ffor oddach chi'n medru byw 'de. Ar yr estates ma odd o wrthi. Ond oddan nhw'n gwbod amdano fo. Oddan nhw wedi bod yn ei watsiad o.

Jen 'Gins' Mullender

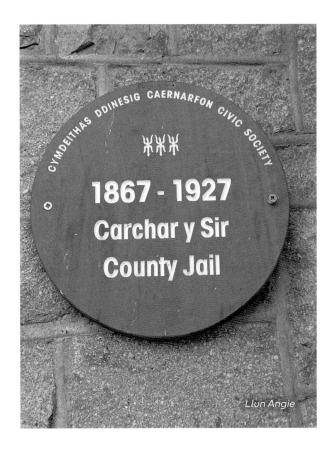

Llun Angie

CYMERIADAU'R GORFFENNOL

Y Ddynes Rufeinig

Roedden nhw wedi dechrau cloddio dros ardal fawr ar Ffordd y De, ar gyfer ffordd osgoi canol y Dre. Mi gyflwynais fy hun i Adran Archaeoleg Prifysgol Bangor, ac mi ddaru nhw ganiatáu i mi ddysgu sut i gloddio ar y safle. Yn ffodus, mi fûm i'n reit lwcus, achos mi roddon nhw fi mewn lle wnaeth droi allan i fod yn ddiddorol iawn – ger tafarn yr Eagles, ar ffin bella'r hen bentref Rhufeinig. Mi ddaru ni ddarganfod corff dynes Rufeinig! Roedd hi wedi ei chuddio efo cerrig, a 'doedd genni hi ond un goes. Roedd ganddi lestr, wedi malu ar un ochor, ond wedi ei drwsio, a hefyd rhyw ddarn metal bach efo tyllau ynddo fo. Roeddwn i'n sefyll yno pan ddaru nhw glirio safle'r gladdedigaeth, ac wrth iddyn nhw frwsio lle byddai ei hwyneb wedi bod, mi allech chi weld croen ei hwyneb am eiliad – cyn i hwnnw yn syth bron, wrth ddod i gyffyrddiad â'r awyr, droi'n llwch.

Y peth gorau ddigwyddodd oedd ein bod ni wedi gorfod riportio'r corff i'r plismyn, a dyma Superintendent draw aton ni yn ei sgidiau seis ten, sefyll yno a dweud, "Reit, lle mae'r corff 'ma?" a rhywun yn dweud, "Dach chi'n sefyll ar ei phen hi!" Ha ha! Beth bynnag, mi drodd allan ei *bod* hi'n ddynes Rufeinig, ond mi fethon ni sefydlu sut y bu hi farw. Mae'n debyg mai ei gwaith oedd graddio hesg er mwyn gwneud basgedi, a dyna pam fod y darn bach metal ac amrywiaeth o dyllau bach ganddi. Roedd holl Ffordd y De yn cynnwys nifer fawr o weddillion Rhufeinig oddi tani.

Karl Banholzer

Dic Dywyll, baledwr

Dic Dywyll oedden nhw'n ei alw fo oherwydd odd yn ddall. Odd o'n dod ar ei daith i Gaernarfon. Oddach chdi'n rhoi ryw ddima, neu magan 'swn i'n deud, yn i bot o a wedyn odd yn deud/canu stori. Baledwr teithiol odd o de, cyfarwydd, yn ystod yr 1830s. Odd yn canu petha fel 'Y Deryn Du', 'Marchnad Caernarfon' ac hefyd baledi am newyddion y dydd.

Emrys Llywelyn

JAC DU - John Ystumllyn (c. 1738-1786)

Dywedai John ei hun mai ar lan afon fechan mewn coed yr oedd, yn ceisio dal iâr ddwfr, pan ddaeth dynion gwynion yno a'i ddal gan ei gipio ymaith gyda hwynt i'r llong. Dal y bachgen mewn coed yn Affrica a'i ddwyn adref i'r Ystumllyn; yr oeddynt yn barnu mai tuag wyth mlwydd oed ydoedd. Yr oedd ei fam, meddai, yn eu gweled, ac a redodd ar eu holau, gan wneud oernadau dychrynllyd.

Bu arnynt gryn drafferth i'w ddofi am amser hir, ac nis goddefid iddo fyned allan; ond wedi tipyn o drafferth gan y boneddigesau, dysgodd y ddwy iaith, a dysgodd ysgrifennu; yna rhoddwyd ef yn yr ardd i ddysgu garddwriaeth, yr hyn a wnaeth yn dra pherffaith, gan ei fod yn hynod gywrain. Gallasai droi ei law bron at bob peth a welai eraill yn ei wneyd, megis llongau bychain, llwyau pren,

Paentiad olew (1754) o John Ystumllyn, a adnabyddir fel Jac Du. Un esboniad am enw'r dafarn enwog yng Nghaernarfon, y Black Boy ar Stryd Pedwar a Chwech, oedd ei fod yn cyfeirio at fachgen bach lleol, du ei groen, sef John Ystumllyn.

basgedi gwial. Yr oedd hefyd yn hoff iawn o flodau, ac yn florist da.

Daeth yn llanc iraidd a heinyf. Byddai gwyryfon yr ardal yn *dottio* arno, ac yn ymryson am gael John yn gariad! Ond un tro yr oedd dwy forwyn yn siarad amdano, ac yntau yn rhywle yn clywed, "A wyt ti yn meddwl," meddai'r naill wrth y llall, "fod gwaed y dyn yna yn goch fel eiddo dyn gwyn?" Ni chafodd y llall amser i ateb, canys atebodd John hi gan ddywedyd yn ei ddull ei hun, "Hen ffŵl gwirion, gwna di ladd iâr ddu, a iâr wen, ac fe gei di weled fod gwaed y ddwy yn goch!"

Pa un o'r Wynniaid a ddaeth â Jack Black i'r Ystumllyn? Mae'n bosib mai Ellis Wynne yr hynaf. Dywedir fod Major Wynne yn Swordsman di-ail, gallai dynnu bottwm crys un gyda'i gleddyf, heb wybod iddo, a llawer gwrhydri arall.'

Robert Isaac Jones, 1888

Mae gan Jac Du rosyn yn awr wedi ei enwi ar ei ôl er anrhydedd.

Llun Angie

Ellen Edwards

Odd Ellen Edwards yn bwysig iawn yn y Dre ma. Odd hi'n dysgu morwriaeth ac odd genni hi ysgol yn Stryd Newydd, lle ma Capel Engedi.

Emrys Llywelyn

"Bu'r ddynes glyfar hon, a hi'n hyddysg mewn theoriau morwriaeth, yn addysgu morwyr ifanc allan o'r porthladd hwn a'r gymdogaeth, a hwythau'n awr yn gapteiniaid ar longau mawr. Gallwn hefyd ddatgan bod pob un o'i disgyblion sydd wedi llwyddo yn eu harholiadau gyda'r Byrddau yn Nulyn a Lerpwl, ac eithrio un neu ddau, yn swyddogion yn y gwasanaeth masnachol."

Yr Herald, 1853

> Distaw weryd Mrs. Edwards dirion
> A gywir gerir, gwraig o ragorion.
> Athrawes oedd i luoedd o lewion,
> Y rhai uwch heli wnânt eu gorchwylion.
> Urddas gaed trwy addysg hon. – Ni phaid llu
> Môr ei mawrygu tra murmur eigion.

Geiriau gan Madog ar ei bedd ym mynwent Llanbeblig

Dafydd 'Rabar

Odd fy hen daid i, Dafydd 'Rabar (Yr Aber), yn byw ar ochr arall ceg yr afon, yn y tŷ bach dros y ffordd i'r bont. Cario pobl drosodd yn ei gwch odd ei waith. Gafodd fy nhaid ochr Dad ei eni yn yr un tŷ. Dyn fferi odd Taid hefyd, a chafodd yr un llysenw â'i dad, Dafydd 'Rabar. Ma cân amdanyn nw dal i gal ei chanu mewn pybs:

Hen daid Richard

> Ma cwch Dafydd 'Rabar ar y môr, ar y môr,
> O ma cwch Dafydd 'Rabar ar y môr,
> Cwch Dafydd 'Rabar, cwch Dafydd 'Rabar,
> Cwch Dafydd 'Rabar ar y môr.
>
> Yn llawn o benwaig cochion, meddan nhw etc.
>
> A'r rheiny wedi drewi meddan nhw etc
>
> Ond yn ddigon da i'r Saeson, medda nhw etc.

Am ryw reswm, dwi rioed di byta pysgod 'lly. Jyst yr ogla ma'n rhaid!

Richard Pritchard

Twm Trombôn

Roedd Twm yn gallu chwara trombôn tra'n reidio'i feic! Odd on reidio lawr 'ma o Rhosgadfan. Rhaid mod i'n dysgu dreifio un tro, a dyma fi'n clywed y trombôn 'ma yn seinio o'r tu ôl i mi! Odd o'n chwara ar hyd y lôn weithia. Odd Twm, fel pawb arall, yn cadw'i feic yn Palas Street amser hynny.

Richard Pritchard

Thomas Williams, sy'n cael ei gofio am wisgo cot ffwr fawr, helpu'r henoed efo siopa a chwarae 'O My Papa' ar ei drombôn. Llun o bapur newydd Y Cymro.

Arweinydd Band y Salvation Army

Odd y nhaid yn arwain y band hefyd, Salvation Army ti'n gweld. A bob dydd Sul odd o'n cerddad rownd Dre yn chwara i bobol sâl ia, tu allan i'r tŷ. Odd o'n chwara trymped. Yr unig beth, rodd Dad 'di prynu parot ar y Maes am bunt, ia, ac odd y parot 'ma yn arfar perthyn i hen longwr oedd yn methu diodda uniforms. Bob dydd Sul pan odd y Salvation Army yn dod yma am ginio dydd Sul, odd Mam yn clywed y parot yn dechra arni. "Yrrrr – the bastards are coming! The bastards are coming!" Ag odd o'n glir, glir sti. Felly oedd mam, cyn i'r Salvation Army gyrradd, yn gorod rhoid blancad dros y caetsh. Jyst rhag ofn!

Richard Pritchard

Uriah Lovell

Yn ôl yr hanas ia, odd y Lovells, pobol tramor, wedi bod yn Carnarfon ers tua 1850 ychi. Ond byw yn ryff oddan nhw amsar hynny, ac ma nhw'n deud mai Romani oddan nhw. Cerddorion da wedi bod – mewn eisteddfod a ballu de. Oddan nhw'n enwog. Gomar Lovell, Megan Lovell, Lisi-Elin Lovell – canu oddan nhw. Iesu! Yn y capeli ag eglwysi mowr de! Mi odd 'na rai cyn ni, yn rhai da efo harp de, telyn.

Yr un ola i fyw mewn tent odd Uriah Lovell, ia'n tad. Ecsentric odd o, run fath â Clough Williams-Ellis, ac odd Uriah yn cal mynd i Portmeirion ylwch, a gneud basgedi i fisitors a ballu. Odd y ddau yn siwtio'i gilydd. Odd Clough Williams-Ellis yn dipyn o garictor ei hun, wedyn odd o wrth i fodd efo Uriah. Odd Uriah yn byw hanner y flwyddyn yn Bontnewydd lle ma Gipsy Wood rŵan, a hanner yn Portmeirion. Byw mewn bendar tent dros gaea a fynta dros ei eiti! Ia!

Tony Lovell

Moss Williams

Roedd Mr Moss Williams yn artist anghyffredin. Hen lanc o Gaernarfon oedd o. Bu'n edrych ar ôl ei fam weddw tan iddi farw. Roedd yn feudwy nad oedd yn caniatáu merched yn ei dŷ, a phob stafell yn y lle'n orlawn o gelf o bob math. Fel un sydd â chasgliad mawr iawn o'i waith, fy marn i yw fod ganddo fwy o ddiddordeb yn nhechnegau peintio nag mewn gorffen y gwaith go iawn. Yr unig amser y byddai'n gorffen llun oedd pan fyddai angen arian i gael bwyd. Ei ddeiet sylfaenol oedd pysgod

a sglodion, a brynai yn Siop Cae, oedd ar agor ar ddyddiau Llun, Mercher, Gwener a Sadwrn. Ar wahân i ddydd Gwener, byddai'n prynu dau baced o bysgod a sglodion bob tro, gan fwyta un ar ddiwrnod y prynu a'r llall amser te diwrnod wedyn, wedi'i gadw'n gynnes yn y popty ger y tân.

Stori a llun, Norman Phillips

Lionel Wilmot Brabazon Rees

Lionel Rees VC, MC, gafodd ei eni'n 5 Stryd y Castell. Yn bendant fo oedd yr 'Indiana Jones' cynta! Wnath o landio plên yn y Rhyfal Byd Cynta, nôl ei bistol allan, jympio'n ôl i'r plên, mynd i fyny i'r awyr eto, a safio'i fêt o drwy saethu dau beilot Almaenig i lawr efo gwn llaw. Ar ôl y Rhyfal Byd Cynta, odd o'n dysgu pobol i fflïo yn yr Aifft, ac hefyd odd o'n fflïo dros seits archeolegol yn ganol yr anialwch, a parasiwtio pobol i lawr i'r llefydd cloddio ma. Ei dad o odd pia papur newydd y Caernarfon and Denbigh, sti.

Yn y Bahamas odd yn cal i nabod fel y 'Fficsar'. Odd yn medru trwsio pob dim. Yn y rhyfel cynta odd o'n trwsio eroplêns. Odd nhad efo Lionel pan adawodd o Gaernarfon mewn cwch. Y person cynta i hwylio dros yr Atlantig ar ei ben i hun, o fama lawr i'r Bahamas! Odd Dad yn arfar deud, "O, mi fydd o'n ôl mewn mis neu ddau". Ond dwi'm yn gwbod os nath o'i weld o eto, na. Ma'i lun o ar y wal yn Cei ma. Os oes gen ti dy ffôn gei di rhoid hi yn erbyn y wal i ga'l ei hanas o.

Richard Pritchard

Roedd fy niwrnod yn cychwyn cyn y wawr, ac yr oedd dyn yn cael ei ad-dalu bob amser wrth godi'n gynnar. Roedd un bore'n arbennig o hardd. Tua thraean y ffordd drosodd o arfordir Sbaen i'r Azores oeddwn i, pan ymddangosodd y môr i gyd yn llawn stormydd glaw bychan ar wahan. Rhyw ddwsin neu fwy ohonyn nhw. Wrth i'r haul godi, ffurfiai bwa enfys ynghanol y stormydd, rhai ohonyn nhw a mwy nag un.

Wedi hynny, gwelais heidiau o 'di-atoms', rhyw fath o wymon meicrosgopig. Am ddiwrnodiau lawer roedd y môr yn llawn ohonyn nhw. Roedd 'na rai hir, a rhai crwn, cadwyni perl a pheli'n llawn diemwntiau, pob lliw a llun o'r pethau bach.

Dyma bysgodyn yn ymddangos, ac am ddau ddiwrnod dyna lle'r oedd o'n rhwbio'i drwyn fyny ac i lawr y bwrdd llywio gyda mwynhad pur i bob golwg. Ac un hwyrnos, neidiodd dau sgwid ar y bwrdd, gan adael, er mawr ddicter i mi, byllau enfawr o inc ar y dec. Wrth ddynesu at yr ynysoedd, ymddangosodd pysgod hedegog, a chrwbanod môr, a hyd yn oed forfil yn dangos ei hun i mi rhyw gyda'r nos.

Lionel Rees

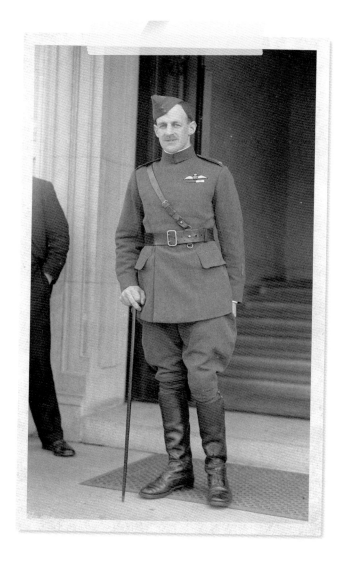

Lionel Wilmot Brabazon Rees 1884-1955

Captain Rees, legendary airman, war hero and a man who, having achieved the highest honours and served as military advisor to King George, sailed to The Bahamas, fell in love with a young Bahamian woman and because he wed her, faced the most heroic of all his battles – against the white oligarchy who rose up in horror at the thought of a recognised aviation pioneer and icon who trod on tradition and wed a black Bahamian he first met as his maid.

Diane Philips, *The Tribune*, Bahamas

Y DDAU RYFEL BYD

Aelodau o Fagnelaeth Garsiwn Brenhinol Batri Arfau Trwm Cymru yn encilio yn dilyn brwydr 1af y Somme – roedd yr holl ddynion yn y ffotograff yn dod o Gaernarfon a Bangor, ac roedden nhw'n chwilota am fwyd.

Mae'r unig un i oroesi ar y chwith pellaf (gyda'r ci), sef Mr Williams o Heol Hendre, Caernarfon.

Nanno Hughes

Odd fy nhaid 'di bod ar y llonga hwylio 'ma am gyfnod reit hir. Wedyn, yn y Rhyfel Byd Cynta, odd o'n gweithio i'r cwmni ma o Lerpwl a salvage experts oddan nhw, de. Yn 1918, odd o'n deifio, mynd lawr efo helmet a pheipen awyr i godi llonga odd wedi sincio yn ystod y Rhyfel. Odd lot o longa 'di cal eu sincio ar bwrpas i flocio porthladdoedd fath ag Ostend a Zeebrugge. Fo odd yn gyfrifol am y tîm deifio. Roedd rhai o'r llonga 'di cal eu damejio, wedyn odd o'n gorfod cau'r tylla, sti. Gafodd o fedal am y gwaith o glirio'r llonga 'ma i gyd.

Ww! Ma 'na gannoedd o long-ddrylliau allan yn Bae Caernarfon, a hynny dros gyfnod o ganrifoedd. Bar Dinas Dinlle – ma 'na dipyn o longa 'di dod i'r fei yn fan'na dros y blynyddodd. Ma nhw'n bob man! Odd yr hen longa hwylio'n cal eu dal allan mewn tywydd drwg. Mi gath lot eu colli dros amsar.

Emrys Jones

Odd mam yn chwara efo I.T.M.A. amser yr Ail Ryfel Byd, ia. Rhaglan gomedi radio BBC *It's That Man Again* odd o, yn cael ei recordio ym Mangor. Musicians odd teulu Mam i gyd. Odd gynni hi glust dda. Odd hi'n gwrando a gallu deud yn union pa awyren odd yn mynd dros tŷ ni – y Jyrmans neu pwy bynnag.

1941 odd hi. Ac un bora, a Mam a Dad yn y gwely, wnath Mam glywed lori yn stopio wrth ymyl y Crown a'r drysa'n agor a – tap, tap, tap! Iasu, dodd Mam rioed di clywed y sŵn yma cynt – tap, tap, tap. Be odd o ond soldiwrs yn rhedag lawr y stryd. Commandos efo sgidia gwadna rybar.

Home Guard odd Dad, a'i waith o odd cerdded i fyny a lawr Cei bob nos i weld jyst rhag ofn bod un o'r U boats 'di landio. Hyd yn oed os odd U-boats di cyrradd, be uffan 'sa Dad 'di neud eniwé?

Ta waeth am hynna, un noson, ganol y nos, oedd 'na ola bach yn ffenast llofft Mam a Dad, so ath Mam i'r ffenest a . . .

"Can you come downstairs," gwaeddodd yr Offisar o'r stryd. "Your husband's been kidnapped!"

"Kidnapped? No, he hasn't!"

"I'm sorry madam, I know this is a bit of a shock, but yes, I'm afraid he has!"

"Well, no, he hasn't! He's lying in bed right here!"

So aeth Dad i lawr. Odd y soldiwr yn gandryll o flin . . . "Where were you? Don't you know there's a war on? I'm going to have to take you in!"

A Mam 'di gwylltio'n gacwn – odd hi'n dod o'r De a 'di bod ar streic yn Rhondda a ballu – a dyma hi'n deud wrtha fo, "Don't you dare speak to my husband like that! Don't you dare!"

O flaen y commandos i gyd, ia!

Dach chi'n gweld, bob dydd Gwenar odd nhad yn cyfarfod y bys pedwar o'r gloch i Nantlle ar y Maes efo dros gan punt yn ei bocad. Odd gynno fo tua cant o bobl yn gweithio yn y chwaral Talsarn yn pacio boms a ballu, felly odd Dad yn hel y cyflog i'r hogia i gyd, a rhoid y pacad i'r bys condyctor i'w ddanfon at y Fforman yn Stesion Talysarn, i dalu i'r hogia. A Mam yn rhoi gwbod i'r Offisar heb flewyn ar dafod, "Look here, if my husband's not there to meet the bus today, people will *starve* up in Talsarn – and it's going to be *your* fault!"

Odd Mam yn cymyd dim genno neb! Hi odd Lady Mayor cynta Caernarfon – yr un cynta mewn saith cant o flynyddoedd!

Richard Pritchard

'Lady Mayor' cynta Caernarfon

Pan oedd y *Guardian* yn dathlu canmlwyddiant ryw dair mlynedd yn ôl, roedd ei World Editor o, Julian Borger, 'di mynd i'r Archifdy ac wedi ffeindio casgliad mawr o adfyrts oedd pobl yn Awstria wedi roid yn y *Guardian* yn y tridega. Roedd yr adfyrts 'ma'n gofyn os oedd 'na bobol ym Mhrydain fasa'n fodlon gofalu am rai o'u plant nhw rhag gormes y Nazis. A'r peth ofnadwy i Mr Borger, ynghanol y cwbwl, mi ffeindiodd hysbys am ei dad ei hun!

"*I seek a kind person who will educate my intelligent boy, aged 11, Viennese of good family.*"

Wel, mi ddoth y bachgen hwn, Robert Borger, yma i Gaernarfon o Awstria at deulu'r Bingleys. Oedd y Bingleys yn byw yn Pen y Garth, ac yn Pen y Garth gesh inna fy ngeni. Digwydd bod, oedden nhw'n byw dros ffor' i ni. Ddaru nhw achub a rhoi cartra i Robert tua 1938. Doeddwn i'm ond blwydd oed ar y pryd, ond mi ddalltis y stori yn nes ymlaen.

Teulu arbennig iawn oedd y Bingleys. Roedd y gŵr a'r wraig yn athrawon yn y 'County', Ysgol Sir Caernarfon, ac roedd gynnyn nhw feddwl agored iawn am betha. Roeddan nhw â diddordeb ym mhawb. Ac efo'r ysgol, nid yn unig eu bod nhw'n athrawon arbennig, ond roeddan nhw'n poeni am y plant hefyd. Gwbod os oedd y plant mewn helbul, neu broblema yn y cartra, gwbod am y plant oedd yn glyfar iawn – gwbod am bawb. Ond roedd gan Mr Bingley salwch ofnadwy. Roeddwn i yn ei ddosbarth o, ond dim ond am flwyddyn. Erbyn hynny roedd ei gorff o wedi plygu, reit i lawr. Ym mil naw pum deg fuo fo farw. Doed o'm ond pedwar deg pedair oed.

Roedd Robert Borger yn 11 oed pan ddoth o i Gaernarfon, ac oedd o 'di gweld petha erchyll. Mi fywiodd drwy'r 'Kristallnacht', y noson pan aeth y Natsïaid ati i dorri ffenestri a malu siopau'r Iddewon. Mi fuo Robert yn cuddio efo'r teulu yn y seler am bum diwrnod. Yn amlwg roedd hyn 'di effeithio arno fo am ei oes. Mi ddeudodd Nansi Bingley wrthan ni am y diwrnod ddaru o gyrraedd eu tŷ nhw. Roedd gennyn nhw hen degell stêm efo whisl arno fo, ac wedi ei roid o i ferwi heb feddwl dim. Ond cyn gyntad ag y dechreuodd y tegell chwibanu, mi ath yr hogyn yn wallgo. Doedden nhw ddim yn gwbod beth oedd yn matar efo fo. Ond, dach chi'n gweld, pan oedd y Gestapo yn Awstria yn dod i rowndio'r Iddewon a mynd â nhw i ffwrdd, roedd gynnyn nhwtha whisls hefyd. A pheth arall. Un diwrnod roedd un o athrawon yr ysgol wedi dod draw i fynd a fo am dro, ond roedd gan Robert gymaint o ofn bod yr athro 'ma'n mynd i'w ladd o, dyma fo'n llewygu. Oedd o be sach chi'n galw heddiw'n traumatised. Dwi 'di clywed hyn am Iddewon wynebodd yr hanas yma o'r blaen.

Prun bynnag, roedd Mr a Mrs. Bingley wedi'i gadw fo yn y tŷ am fisoedd i ddysgu Saesneg a Chymraeg iddo fo, ac fel mae'n digwydd roedd o, Mr Bingley, yn rhugl yn yr Almaeneg ei hun, 'dach chi'n gweld. Gafodd yr hogyn bob cyfle yma ac roedd Nansi'n deud bod pawb yn awyddus i helpu. Roedd Robert yn hogyn clyfar ofnadwy, ac mi aeth ymlaen i gael gyrfa ddisglair iawn. Erbyn y diwedd roedd o'n darlithio ym Mhrifysgol Brunel yn Llundain, wedi priodi a phedwar o blant. Ond er i'r amsar fynd heibio, ddaru'r trawma byth ei adal o yn anffodus. A phan laddodd

Robert Borger, tua 11 oed. Llun a gyfranwyd gan ei fab, Julian Borger

Robert druan ei hun flynyddoedd wedi i'r rhyfel orffan, mi ddeudodd Nansi Bingley hyn, "Robert oedd dioddefwr ola'r Natsïaid. Mi cawson nhw fo yn y diwadd . . . "

Mi fuo Nansi Bingley fyw i fod yn gant, a phan fu hi farw mi ddaethon nhw â'i llwch i'w gladdu yma. Roedd 'na grŵp ohonon ni ac, er gwaetha pob dim, roedd hi'n achlysur hapus dros ben. Roedd teulu'r Bingleys, a'r Borgers, wedi dod yma, ac mi fedrais ffeindio criw o gyn-ddisgyblion – pobol gwallt gwyn, ychi, oedd yn hapus iawn i ddod i hel atgofion am Mrs Bingley. A fel oedd Julian Borger mab Robert yn deud, yn sefyll yn fan'na yn Pen y Garth – roedd o'n ymwybodol iawn o'r ffaith, onibai am y Bingleys, na fasai'r Borgers ddim yma yn na fasan. Fasa nhw ddim 'di bod. Na.

Norah Davies

*Norah a Ron Bingley tu allan i'w tŷ.
Robert yn y ffrynt ar y dde.*

There are all sorts of statistics about how refugees do better in school, are more productive, create more jobs than the average person. That's hardly surprising, from people capable of such desperate journeys. What I know, as a refugee's son, is that they do not tend to take citizenship and education lightly, but as hard-won treasures. The politicians who claim our prosperity is under threat from having to be shared with refugees have forgotten it was refugees who helped build that prosperity in the first place.

What I also know is that some of the greatness of the nation lies buried on that Welsh hillside. Britain's 'finest hour' is as much about the generosity of the Bingleys and thousands like them, as it is about the courage of the Spitfire pilots. The response to the refugee tragedy shows many thousands more are ready to relive that finest hour now, if only their government would rise to the occasion.

Julian Borger, *The Guardian*, 7 Medi, 2015

Eleanor Street. Llun: Norman Phillips

Nôl yn 1945, cafodd 'Buddugoliaeth' ei datgan. Roedd y mwyafrif yn hapus, tra teimlai eraill dristwch wrth gofio am anwyliaid na fuasent yno i ymuno yn y dathlu. Ond roedd y plant yn chwerthin yn braf wrth ymuno efo rhengoedd y milwyr oedd yn gorymdeithio tua'r sgwâr, lle'r oedd pobol y dref a'r wlad yn barod am y dathlu. Roedd fy nhad ar leave, ac yn enwog o fewn y gymuned fel cerddor ac arweinydd naturiol fedrus. Chymerodd hi fawr o berswâd arno i gamu fyny ar y Ffownten ac arwain y dorf gymysg. "Na chdi ganu gathon ni, co!" meddai hen ffrind i nhad wrth ail-ddeud y stori wrtha'i.

Alwyn Parry

Maes Barcer, 1945, Parti VE. Llun: Margaret Wyn Jones

Odd Mam a'i chwiorydd, odd gennyn nhw quartet ysti, yn trafeilio rownd Lloegr a bob man. Fel o'n i'n deud, amser rhyfel nathon nhw chwara efo I.T.M.A. ym Mangor, Mam ar feiolin a cello a'r chwiorydd ar wahanol betha. Ei chwaer hyna', Thomas the Piano oddan nhw'n galw hi. Odd hi'n byw yn Dinorwig Street. Pawb yn nabod Miss Thomas y Piano. Wnes i ddechra gwersi'n saith. Deg munud wedyn, wnesh i orffan! Ha ha! Ond ma'r mab rŵan efo'r gerddorfa Ieuenctid, y NYO – so mae o 'di gneud i fyny amdanaf fi!

Richard Pritchard

BYWYD AR ÔL Y RHYFEL

Gwaith

Esh i i Plas y Faenol i weithio. Portdinorwic. Ma 'na ffor' oddi ar y lôn a giatia mawr yn y wal. Fanna esh i weithio gynta un, ia. O'n i'n sicstîn. Llnau bedrooms a llnau coridor, a helpu llnau pantris a petha felly ia. A ffidio'r ieir. A gorfod cario bwyd a llefrith wedyn oddi ar rhyw fath o tshaen mawr, a cario rheina 'na i'r tŷ. Odd o'n dipyn o walk ia. Odd Syr Michael Duff, odd o 'di adoptio'r hogyn Charles David 'ma o Lundain, ac odd Charles yn dod ar holides yma. Odd 'na howscipar a pob dim. Odd 'na *lwyth* o bobol yna.

Cael bwyd yn y gegin, ia. Bwrdd mawr fel'na. Odd 'na fwyd da yna. Ond odd Mam ddim yn dda, felly ges i job yn nes at Dre wedyn. Esh i i'r hospital, yr hen C & A, ac o'n i'n helpu efo gwneud bwyd yn fanno, grilio becyn a petha felly, a gwneud tost.

Carys Angel

Odd yn hen daid i, John William Jones, yn dod o Langower ger y Bala. Andronicus odd i enw fo. Oddan nhw'n rhoi enwau ar eu plant adag hynny fel Anthropos, Gwynfa, Berea – ac Andronicus. Mi ddoth o ar ei daith o fel trafeiliwr defnydd a sgidia. Odd yn mynd i Manceinion, Caer, Amwythig – ac mi ddoth i fyw i Garnarfon.

Odd o'n byw yn Stryd Llyn ac yn ei bumdegau, bu farw o gryd cymala drwg, rheumatoid athritis, felly odd o ddim yn gallu symud – digon tebyg i fi erbyn hyn deud y gwir, ha! Ond roedd ei wraig o, Elen, yn gwadd pobol i fewn i'r tŷ ac oddan nhw'n rhannu sgandals rownd Carnarfon. Odd Andronicus yn eu rhoid nhw lawr ar bapur a hithau'n mynd â nhw i'r *Herald*. Ond pan *odd* o'n ddigon ffit i fynd rownd Dre, rodd o'n cyfarfod pobol yng nghaffi'r Adelphi.

Ma hwnna 'di hen fynd wrth gwrs, ond fan'na oddan nhw'n mynd i ga'l eu snyff a'u coffi.

Yn nhaid arall i, William Robert Jones – mi laddwyd o reit ar ddiwedd y Rhyfal Byd Cynta yn ail frwydr y Somme – a gadal ei weddw Elen (arall) efo tri o feibion. Pan laddwyd y nhaid, be roth y fyddin iddi'n bresant ond peiriant gweu sana!

Wedyn odd fy nhaid Carnarfon i, Henri William Jones, yn argraffwr. Oedd gynno fo siop bach neu weithdy ar Stryd Fawr, ac o'n i'n cal mynd i weithio 'na. Gweithio . . . wel! Hynny fedrwn i 'de, a finna ddim ond deg oed. Fynta'n fy ngyrru fi lawr i'r selar efo bocs bach llythrenna, efo negas fel hyn: "Tyd â deg O, pump N" ac yn y blaen. "O, a watsia'r ghost!" Ow! Lawr i'r selar dywyll â fi. O'n i 'di clywad am ysbryd William Murphy, ond tynnu nghoes i odd Taid, does bosib . . . ? Dod nôl i fyny o'r selar yn crynu fel deilan!

Emrys

Odd gynna fo Heidelberg Platen, hen beiriant argraffu, a be odd o'n neud odd rhoi'r llythrenna wyneb i waered, ei gau o – dyna lle ma'r gair press yn dod – a'i dynhau o wedyn. Drws nesa odd caffi Mayo. Oddan ni'n mynd i fanna am *fyg* o de, o'n i'm yn medru codi'r diawl! A bechdan becyn de. O! Bara gwyn efo toman o saim – a finna efo clefyd siwgwr, a ddim i fod i gal petha felly. Ac ew, odd y lle'n fudur de, ddim 'di cal i olchi ers blynyddodd!

Odd nain yn rhedag siop bach hefyd. Wedyn i fyny Stryd Llyn odd y Three Jolly Sailors, tŷ tafarn, a fan'na wnath John Wesley aros pan odd o'n dod rownd i bregethu a ballu. Wesley yn aros mewn tafarn? Wel, ella bod o'n licio rhyw noggin bach cyn mynd i gwely!

Emrys Llywelyn

Pob dydd Sadwrn oddan ni'n mynd i'r dre, i siopio de. Odd Dad yn prynu Quality Streets i Mam.

"Cyma be wyt *ti* isio," medda Dad wrtha'i. "Gyma'i mix caramels," medda fi.

Tra odd o'n cael sigarets, o'n i'n mynd adra ar y bys efo tri bag o negas. Landio yn tŷ ni ar top stryd a gweiddi ar 'y mrawd. Hwnna dim yn clywad fi o'r llofft gefn. Dau o hogia o'r stryd yn dod i helpu fi. Wnath Mam roid ceiniog bob un iddyn nhw. Finna'n cadw'r negas.

"Ma Dad isio fi estyn goetsh iddo fo rŵan Mam," medda fi.

"O, dio 'di dŵad i fyny 'ma?"

"Nagdi, mae o'n dal yn Dre."

A mi wnesh i'r goetsh yn barod i fynd i 'Lala-las' – lawr ochr arall Bangor Road yn fanna – i hel blocia a coed 'di dŵad o'r môr. Odd Dad yn torri nhw a pob dim, scrwtsio nhw, a fi odd yn rhoid clytia rownd y coed a rhoid nhw yn y goetsh. O'n i'n gwthio coed tân wedyn, llond y goetsh, at y tŷ 'ma. Odd y mrawd yn llofft gefn yn gweiddi. "Ei di i werthu rheina rŵan?"

A dyma fo'n dŵad i'r ffrynt efo bwcad. "Be t'isio efo bwcad?" medda fi wrth y mrawd.

"I chdi mae o, i ll'nau'r goetsh yn cae!"

O'n i'n gorfod ll'nau'r goetsh yn cae. Ac ar ôl hynna wedyn, nôl negas i tri o bobol. Mrs Robaitsh, siop, o'n i'n nôl negas i fanno ac o'n i'n rhoid pump bwndal o goed tân iddi hi – wan pownd twenti. A ges i chwech teacake gynni hi, fatha marshmallows oddan nhw, a tsiocled – un i Dad ac un i Mam a dau i fi a mrawd a dau taffi bach a buwch.

A wedyn dydd Sul ia, dyma Mam yn deud – "Dwi 'di cal job i chdi." "Be' Mam?" medda fi. "Gynna fi ddwy job yn barod!" "Job bach handi i chdi," medda hi. "Isio chdi mynd efo'r ddynas yn top fanna i rowndio efo papur dydd Sul." "OK Mam," medda fi, "faint o gloch?" "O, rhaid chdi bod yn barod hanner di chwech." "Fuan iawn, tydi?" medda fi. A medda hi, "Ti'm isio mynd i capel tan ddeg nagoes?"

Carys Angel

Carys a Roberta

BYW HEB BRES

Ganwyd Nain yn mil wyth chwech pump. Graduras bach, oedd ei bywyd hi'n galad ofnadwy – a hynny jyst chydig dros ganrif yn ôl. Petai hi'n dod yn ôl a gweld y ffor' *dwi'n* byw, fasa hi'n meddwl mod i'n rhyw Empress! Roedd hi allan yn gweini pan oedd hi'n dair ar ddeg oed, wedi colli ei mam a'i thad. Wedyn mi ddath i weini efo teulu yma yng Nghaernarfon, teulu Lloyd Griffiths, corn merchants yn Palas Street, lle ma'r caffi Y Wal rŵan wyddoch chi. A wedyn wrth gwrs Capal 'te, cyfarfod â nhaid a dod i fyw fama. Oedd Taid yn gweithio lawr ar y Cei yn llwytho llechi a hitha'n cadw lojars, gweithio'n galad.

Dwi'n cofio dyn yn deud wrtha' i bod bobol y Teras yn edrych ar Nain fel rhyw medical director. Os oedd unrhyw un yn sâl, eu gyrru nhw at Nain. Hi oedd yn medru delio efo nhw – a hi oedd yn gofalu am bobol oedd wedi marw, eu gosod nhw allan. Oedd y dyn 'ma'n cofio pan oedd yn hogyn bach, ei fod o 'di cal niwmonia. Be oedd y meddygon yn wneud yr adag hynny, medda fo, oedd rhoid niwmonia jacket i chi. Peth ofnadwy medda fo, cael eich clymu yn y jacket ma. "Ac oedd pawb 'di methu ei gael o arna'i, achos o'n i'n strancio. Gofyn i'ch Nain ac oedd hi 'di neud o mewn chwinciad!" A tro arall medda fo, roedd o 'di ca'l casgliad mawr ar ei goes. "Dyma yrru am eich Nain, hitha'n ei lansio", ac oedd o'n iawn.

Doedd pobol ddim yn medru mynd i'r meddyg nag oeddan. Methu fforddio fo, hyd yn oed os oedd y meddyg ar gael. Wrth feddwl amdani hi, dynas ddeallus iawn, dim addysg wrth gwrs, be fasa hi 'di neud heddiw? Ella fasa hi'n nyrsio neu'n feddyg. Ma tlodi yn achosi gwastraff yn tydi, gwastraff talent.

Norah Davies

Odd Dad yn poetshio efo pren ar y traeth ac mi ga'th hyd i savings stamps mewn bag du, ychi – bag bin. Ar dop y cerrig, dyna lle odd y bag wedi ca'l ei luchio. Ac odd hi 'di bod yn bwrw glaw a'r bag yn wlyb, a Dad 'di gneud tân bach efo cerrig rownd fel'na – i gynhesu'r llyfr, ia. A dyma fo'n deud, "Dan ni isio mynd i Post Siop." Lawr Cei odd hwnna, a dyma ni lawr i'r Post, a'r goetsh a Goldie'r ci efo ni. A wedyn, ar ôl i ni dod allan, dyma Dad yn deud,

"Hanner coron i chdi, a pres i Goldie i gal dau dun bwyd a bisgits, a hanner coron i dy fam."

A! Ddaru ni neud yn dda dwi'n meddwl.

Carys Angel

*Gorymdaith y di-waith
i Gaernarfon, 1958*

"Eniwé, pan o'n i'n 'fengach dodd gyn pobol ddim pres ('wbath tebyg i be ydy hi 'wan, ia), a be oddan ni'n wneud ond gwagio mitars. Duda rŵan bod o'n christening plentyn fi ond 'doedd 'na ddim pres i fi neud christening party iddo fo, be o'n i'n neud odd gwagio mitar. Wedyn pan odd y dyn lectrig yn dod rownd ac isio pres allan o'r mitar, odd y ddynas drws nesa yn gwagio mitar hi i fi gal y pres. So fel 'na oddem ni'n gneud. Pawb yn stryd. Oddan ni gyd yn dlawd. Oedd gynnom ni gyd goriad i'r mitar lectrig, un home-made, dim byd offisial wedi brynu, na, ond odd o'n ffitio'r clo yn union."

"Fel plant, oddan ni'n jympio dros ffens pobol. Oddat ti'n byw dros ffor' . . ."

"O'n."

"Ac o'n i'n jympio dros ffens efo'r pres i tŷ chi. Wedyn odd Dad yn distractio'r boi tra odd Anti yn rhoid y pres i mewn yn y mitar a cau o."

"A fel 'na oddem ni'n byw. 'Chos oddan ni gyd yr un fath â'n gilydd. Neb gwell na'i gilydd."

Dienw

Mae llawer o weithfeydd a siopau wedi cau dros y blynyddoedd gan gynnwys yn bennaf Ferodo a oedd yn cyflogi nifer fawr o weithwyr lleol.

Dafydd Gwilym, Ysgol Syr Hugh

Cnoc cnoc! Boi hel rhent, a gafon ni'n gyrru i'r drws. Wnesh i agor drws, o'n i tua saith oed, a deud: "Ma Mam isio fi ddeutha chdi tydi hi ddim yn tŷ." "O, lle ma hi, 'lly?" "Tu ôl i soffa." Ha ha ha! A medda Mam wrtha'i wedyn, "Watshia di nes i dy dad ddod yn ôl i'r tŷ ma!" Storis fel na dwi'n cofio o'r Dre. Briliant o le!

Dienw

"Cofio Mam fi'n gorod dod adra o Sgubor Goch i fyw at Taid ni yn Caer Saint. Odd hi methu fforddio byw yn Sgubs. A dan ni rywbeth debyg dyddia yma, tyndan."

"Oddet ti'n un o ddau yn doddat, a dwi'n un o saith, yli. Odd hi fatha cal dwy chwaer arall."

"Dan ni 'di cal yn magu efo'n gilydd, yn dynn, yndo Jen?"

"Wedyn odd teulu Joneses, odd 'na naw ohonyn nhw doedd. Oddan ni gyd yn tai yn gilydd."

"Oeddan."

"Arglwydd, a wnesh i ddim clywed Mam yn ffraeo efo mamau eraill."

"Wnesh i byth ffraeo dros plant fi chwaith. Os oddan nhw'n ffraeo efo rhywun, 'Dos i sortio fo allan ta!' oedd hi. O'n i ddim yn mynd i ffraeo efo'r fam – odd o ddim werth o."

"Sach chdi byth yn dod i ben!"

Heidi Jones a Jen Mullender

Odd Dad yn arfer deud, pan odd o'n mynd i'r ysgol, odd 'na blant yn dod yna heb ddim sgidia. Ac oddan ni'n gorod torri darn o cardboard allan i roid fel gwadan.

Dwi'n un o saith ac odd gynnon ni ddim lot o bres, ond odd Mam wastad yn rhoid hen ddillad mewn bag ar ben y wal tu allan ar gyfer pobol eraill. A dwi'n cofio colli fforc yn 'rysgol de, a plygu lawr, a dwi'n cofio sbio a meddwl – www, sgidia fi 'di rheina! Ond dyna be oddan ni'n neud erstalwm. Ac odd pawb yn yr un gwch.

Dienw

BWYD

Odd Mam yn un dda am goginio, ag oedd fy nhad efo gwsberis, rasbris, riwbob, cyrins duon – pob peth 'dach chi isio yn yr ardd. Ag odd hi'n un dda am wneud cêcs – o – lyfli! A teisen afal – odd hi'n brilliant o gwc. Oedd. Odd hi'n gwneud cinio dydd Sul a lobscaws a petha – o, wrth y modd – ag ym, gyda'r nos, nos Sul, tatws 'di ffrio a nionyn a wow! Dim wast o gwbwl!

Mair Jones

Oddem ni'n mynd i nôl ffrwytha i Watsworth wedyn, a Mam yn crafu nhw. Oddan nhw dipyn bach yn ddrwg, he he! Fatha damaged oddan nhw. Gwerthu nhw am geiniog. Ac oddan ni'n byta nhw ar ochor y Cei, ia. Plyms, cheris, pob dim. Fala o'r ficrej. Ma'r ficrej dal i fod yn fancw, lle ma'r homes. Oddan ni'n cal fala gwerth ceiniog yn fanna, a gwerthu nhw i rai o'r hogia yn 'rysgol. Cal pedair afal am geiniog ia, a gwerthu un afal am geiniog yr un iddyn nhw, fi a Loreen. A cal ceiniog ecstra am y tri ohonyn nhw ia!

Carys Angel

Roedd gan Jac Llefrith lwy lydan oedd yn bachu ar handlan y churn. Os oedd rhywun yn gofyn am lai na photel o laeth, mi fyddai'n gostwng y ladle i mewn i'r churn er mwyn mesur chwarter peint o laeth, a'i dywallt yn syth i mewn i jwg fy Nain. Roedd ei hanghenion hi'n fach iawn, ac chan nad oedd gan neb rewgell, buasai mesur mawr wedi bod yn wastraff. Os oedd taliad yn ddyledus, a neb adref, byddai Jac yn darganfod yr arian un ai yn y botel ar stepan y drws neu nodyn yn dweud fod y pres ar fwrdd y gegin. Roedd yr agoriad Yale i ddrws y rhan fwyaf o gartrefi yn hongian ar ddarn o linyn y tu mewn i'r bocs llythyrau. Byddai Jac yn ei dynnu allan, datgloi'r drws, gosod y llaeth ar y silff lechan, a phigo'i bres i fyny.

Alwyn Parry

Oddan ni'n mynd i'r Dre pob dydd! Gynta un, oddan ni'n cajio roc yn Twtil. Odd 'na ryw ddynas bach yna'n gwneud Welsh Rock. Odd na allt yn fanna, tai, ag odd na foi o Salvation Army yn byw fanna, Capten. Ac oddan ni'n mynd i fyny Stryd Llyn wedyn i lle oddan nhw'n gneud y bara ac oddan ni'n cael torth bach yn fanno a mynd i Woolworths wedyn, broken biscuits ha ha, gwerth ceiniog. Pres cinio ni odd hwnna! I William Strît wedyn – odd na swings a sleids a petha felly yno – i fyta'n torth a'n bisgits. A gathon ni cane wedyn. Oddan ni 'di mynd i lawr i'r afon bach ac eistedd ar y wal ia. Oddan ni'n cal amser braf, ia. Wedyn dyma ni'n mynd yn ôl i'r ysgol ac oddan ni'n hwyr. A dyma'r athrawes yn hitio fi efo cane reit ar y tu ôl i dwylo fi – yn fan'na – a gynna fi lwmp ers hynny fatha cyst' ychi. Ac Ann yn gweiddi ar yr athrawes, "Mae o'n brifo!" "Mae o *fod* i frifo!" medda hi.

Ma hi 'di marw rŵan. Ffon gwyn odd gynno hi.

Carys Angel

"Dwi'n cofio Yncl Ned, gŵr Josi. Pan oddan ni'n blant, oddan ni'n ei ddilyn o i chwilio am petha pan oedd o'n mynd i'r dymp. Odd y dymp lawr lôn Llanrug adeg yna, ac mi ffindiodd o'r bag mawr, polythene ma yn llond o tsioclets odd 'di cal i lluchio allan gyn siopa am bod nhw 'di pasio dêt, ia. Ninna'r plant yn stret i fewn i'r bagia a byta nw gyd. Odd na ddim Health and Safety adag honno. A dan ni gyd dal yma, tydan?"

"Odd coeden gwsgogs yn cefn tŷ, a Taid efo coeden plyms. So oddan ni'n byta ffrwytha o gerddi'n gilydd."

"Oedd gennom ni coeden fala fawr yn y cefn."

"Oedd, oedd."

"Ac oedd y plant i gyd yn mynd i fanna."

Jen Mullender, Heidi Jones a Desmond Mullender

Odd pres yn dynn, ac odd Nain yn deud hanas sut y basa hi a'i ffrind yn mynd lawr i'r Cei yng Nghaernarfon lle odd y pysgotwyr yn dod yn ôl 'lly. A be odd y pysgotwyr 'ma'n neud, gan bod rhai ohonyn nhw yn gweithio i rywun arall, odd pwyso be odden nhw wedi ddal. Ac os oddech chi'n eu nabod nw, fasach chi'n gofyn – gai 'chydig o'r mecryll neu beth bynnag odden nhw wedi hel. A fasa amball i bysgotwyr yn cymyd chydig o bysgod cyn eu pwyso nhw yn slei bach, a rhoi nhw i chi. Odd hyn pan odd Nain ei hun yn magu plant, ac yn rhywbeth odd hi'n neud tuag at ddiwedd yr wythnos, jyst cyn i gyflog y teulu ddod i fewn. Gan amla, roddan nhw'n mynd yn ddwy neu dair a cha'l gwell bargan.

Dewi Jones

Dechreuis i stryglo eto, gneud dodgy deals, a endio fyny yn y jêl unwaith eto. Ac oedd 'na bloke o Dre 'ma yn y gegin. A medda un o'r sgriws yn Gymraeg – "Ti isio gweithio yn y gegin?" Ac atebish inna yn Gymraeg – "Wrth gwrs bo' fi!" O'n i'n gweithio ar y diet section yn y gegin, yn ffrio fifteen hundred o wya yn y bora mewn padalls ffrio mawr hir-sgwar efo handls hir, odd yn ffitio dros chwech o byrnars ar y stôf. Oedd o'n edrych fel effin llun Dali! Ac odd yr wya 'ma ddim yn cael eu byta tan amser te. Erbyn hynny oeddan nhw fel rybar!

Ond dwi'n da iawn, iawn am neud cyris. Fel 'y nhad. A dyma fi'n gneud y cyri 'ma ac odd y *sgriws* yn deud oedd o'n cyri da. So maen nhw'n gofyn i mi neud cyris i'r cinio offisars 'ma. "Ia, iawn, wna'i o, cerwch i nôl y stwff i gyd i fi." A be wnesh i, wnesh i swopio bwyd y sgriws am bwyd ni yr inmêts, for instance bag posh o datws am y bag odd ddim mor posh. Ac achos hyn, o'n in hero efo'r hogia. Hwn oedd sentence ola fi, a deudais i wrthaf fy hun, "Right, that's it. I've had enough!"

Kenny Khan

Kenny Khan, 56, has spent time behind bars during a colourful past but decided to change his ways and has now become a pillar of society through his voluntary work on the Ysgubor Goch estate in the Peblig ward – which is one of the most deprived in the area.

He secured funding to create a mobile food van providing affordable meals for people living on his estate, while also giving young people the chance to learn cookery skills and complete training qualifications to help them into work, rather than turning to a life of crime. "I tell them even one minute in a police cell or jail is a complete waste of time – it's the dustbin of society and no one wants to know you. You can't get those years back. I don't lecture, I just explain. There is a price to pay."

Police Commissioner Arfon Jones said: "Kenny Khan has learned a lot from life and has massive credibility. The last time I met him he said he didn't know why I wanted a picture of him because North Wales Police had plenty already! He said: 'I'm grateful for getting a pat on the back but it's not about that for me. I love my hometown – I wouldn't be anywhere else. I work with an amazing group of people – I couldn't name them all because I'd be here all day.'"

North Wales Chronicle, 14 Gorffennaf, 2018

CYRI CIG OEN A MINTYS TAD KENNY

Cymru a Pathan mewn Pot!

Dau kilo o gig oen da o Gymru, wedi ei falu'n ddarna ond cadw'r asgwrn a'r ffat arno fo – cadw bob tamad o'r blas, ia. Dysgu gneud cyri oddi wrth Dad wnes i wrth sefyll wrth ei ymyl o yn y gegin o chwech oed ymlaen.

Cymysgu'r Sbeisys:

1 llwy pwdin o bowdwr cyri – meild, mediym neu poeth, sut bynnag 'dach chi'n licio fo.

¼ llwy pwdin o'r rhain: garam massala, coriander wedi malu, cwmin wedi malu, tyrmeric wedi malu, a weithia dwi'n taflu dipyn o bowdwr garlic i mewn, jyst 'chos bo fi'n licio fo!

Dull:

Gwisga pâr o fenyg plastic tena, cyn rhwbio dau binsh da o halan a llond llwy lefel o'r Sbeis Mics Sbeshial i mewn i'r darna cig ar room temperature, a gadal o am dipyn. Taflu'r menyg i'r bin.

C'nesu rhyw 100gm o menyn ghee mewn sosban trwm, a toddi dau nionyn ynddo fo (rhai o Sbaen os yn bosib 'chos ma nhw'n fwy melys), a corjette go lew – i gyd wedi torri'n fach. Wedyn, rhowch un neu ddau chili gwyrdd Bird's Eye yn y gymysgedd. Daliwch i droi, ei sbinio fo rownd. Ar ôl pum munud rhowch bishyn seis hannar bawd o jinjyr wedi ei bilio efo llwy a'i dorri'n ddarna bach. Ac yn ola, torrwch hannar pen o garlic yn fach fach, pinshiad o halan arno fo a'i wasgu nes mae o'n bast efo cefn cyllath, a'i gymysgu o mewn i'r sosban. Wedyn, rhowch fwnsiad da o ddail mint gwyllt wedi eu malu i mewn. Troi o, sbinio fo, ogleuo fo!

I mewn â'r cig rŵan ar wres mediym a'i droi yn dda, a rhoi llond llwy bwdin lefel arall o'ch Mics Sbeisys Sbeshial i mewn. Daliwch i droi, a wafftio'r stêm tuag at eich ffroena. Mae ogla fel miwsig, 'dach chi byth yn anghofio un da!

Llenwch y sosban efo dŵr berwedig nes bron cuddio'r cyri, a wedyn rhoi un llond llwy de a hannar o siwgwr brown granulated a tun neis o domatos da wedi eu malu i mewn.

Berwi'n ara deg efo'r caead ymlaen. Fel o'dd Dad fi'n deud, "No boiling meat – can't eat!"

Ma 'na reslo mawr yn digwydd yn y sosban 'na rŵan efo'r blasa gwahanol i gyd yn trio cwffio yn erbyn ei gilydd. Gadwch o am tua 15/20 munud a rhowch y taste test iddo fo. Rhowch fwy o'r dail mint wedi torri i mewn, a hanner arall y pen garlic wedi ei sleishio'n dena iawn. Gwasgwch rhyw un rhan o dair o diwb rhad o purée tomato i mewn i'r gymysgedd. Ei ferwi'n ara deg eto a blasu fo eto. Dach chi isio i'r cig syrthio oddiar yr asgwrn.

Syrfiwch efo reis saffron, bara fflat, salad wedi ei dorri'n dena, ac iogwrt plaen. Bytwch efo'ch bysadd, gwnewch lanast . . . ei effin garu o! Ac wedyn, dawnsiwch! Fel 'sa Dad yn deud yn ei Dad-Speak o'i hun, "Talk me true, son, how many good I make the curry the world?" Sydd, wedi ei gyfieithu'n fras, yn meddwl, "Son, do I make the best curry in the world?" Ac mewn un gair, yr atab ydi "Ydach!"

Kenny

Beth odd hwn yn neud o'r blaen? Dod â ffish adra a wedyn rhoid y ffish i hen bobol rownd y lle ma. Oddan nhw'n gwitsiad iddo fo ddod adra. Un yn deud "O, fflat-ffish dw'isio, lledan ia", un arall isio peth arall ac odd Gary ma'n rhoid nhw iddyn nhw.

Marian Brownley

Achos odd y nhad i'n dlawd pan oedd o'n hogyn bach – odd y teulu 'di colli pres – odd rhaid iddo fo fynd am fwyd efo'r lleill i'r Sailing Club. Oddan nhw'n gneud iddyn nhw gerddad trwy Dre, y plant oedd i ga'l bwyd am ddim. Odd Dad yn galw fo The Walk of Shame!

Richard Pritchard

Ffarm odd y tir yma, blynyddoedd yn ôl. Cofio, pob weekend mynd efo cyfnither fi i hel cwningod, wedyn oddan ni'n dod adra efo tua deg ohonyn nhw. Dyna be odd cinio Sul ni pob wythnos, wedyn gwerthu'r gweddill rownd teulu. Dwi'n dal i ddeud ia, y pei mwya blasus gesh i rioed odd gwningan. O'n i'n gweithio ar ffarm a wnesh i saethu un, a dyma'r howscipar yn gneud pei efo grefi a nionod. Ia, ia. Lyfli.

Desmond Mullender

STIW CWNINGEN CAERNARFON

Cynhwysion

Cwningen

Pedair owns o gig moch

Tatws

Moron

Meipen

Dau nionyn mawr wedi'u torri

Owns o flawd corn

Llwy fwrdd o bersli

Ychydig o saim

Pupur a halen os oes angen

Dull:

Glanhau'r wningen, ei datgymalu a'i thorri'n ddarnau.

Ffrio yn y saim nes yn frown.

Torri'r cig moch a'r llysiau yn ddarnau bach.

Rhoi'r rhain i gyd mewn sosban fawr efo pupur, halen a'r persli wedi'i falu, eu gorchuddio a'u mud-ferwi am ryw awr a hanner.

Cymysgu'r blawd ag ychydig o ddŵr oer, ei dywallt i'r stiw a'i ferwi eto am ychydig o funudau.

"Dwi'n hela cwningod – ym mhobman. Pobl ffor' hyn dal i fyta nhw. Yndyn. Wel, ma'r Marian 'ma beth bynnag! Ha!"

"Ha ha!"

"Fyddai'n berwi'r wningan gynta ia, rhoid hi ar y plât, disgwl hanner awr a wedyn yn y badell ffrio. Fedrach chdi neud pob dim efo nhw."

"Stiw, pei 'de ..."

"Ma nhw'n ddrud i brynu, dwi'n rhoid nhw i bobl dwi'n nabod."

"Wyt chwara teg, A ma Meirion 'ma'n mynd i sioea efo'r cŵn. Curo hefyd. Faint o gŵn sy gynno chdi, Meirion?"

"Pedwar."

"Lurchers."

"Fatha milgi 'di croesi efo whippet."

"Pob dydd ma fo allan."

"Pob dydd. Allan yr â'i, allan yn gynnar, adra erbyn pedwar."

"Mae o'n dysgu lot o gŵn pobol erill. Fedri di'm cadw ci hela'n tŷ – ma'n rhaid iddyn nhw ga'l eu runs."

"Ma'n dysgu nhw i neidio a petha."

"Ia, dros giatia, ffens – pob math.

"Ei di allan eto heddiw?"

"Â'i pnawn ma i Bontnewydd, o Bontnewydd reit rownd y gwaith brics, ac adra."

Meirion 'Cŵn Hela', Marian a Gary Brownley

Meirion 'Cŵn Hela'

Os oes 'na dipyn bach o fwyd ar ôl a dewis rhwngddo fo a'r ci ia, y ci sy'n gal o'n gynta. Ma nhw'n cal pob dim, sgraps. Ma'n mynd rownd llefydd fatha Siop Spar a cal sgraps a wedyn mynd i bwtsiar a cal sgraps cig yn fanno. Pybs sy'n neud bwyd, ma'n cal sgraps yn fanno – llond bwcedi ohonyn nhw. A wneith o ddim lladd cwningod heb isio. Cadw rhai iddo fo i hun, rhoid rhai i'r ci.

Marian Brownley

Odd Mam yn gwneud roli-poli efo jam erstalwm, efo clwt, a berwi fo'n sosban. Odd hi'n gwneud ffish hefyd, oedd. Mewn papur fatha silver ia, a drop o ddŵr cynnes, a rhoid o ar y sosban wedyn, a'i wneud o'n slo bach. Ei fyta fo efo tatws newydd a llysia. Odd Mam yn gwc bach da ia, gwneud lobscaws a dymplins a pob dim . . . mm, mm!

Dydd Sul ia, oeddan ni'n cal lamb, moron, tatws, colifflower, pys, pob dim – llond platia iawn ia. A pwdin reis wedyn. Odd Dad yn crafu'r ddesgil un dydd Sul, y mrawd wythnos wedyn, mam wedyn a wedyn fi. Un tro odd turn fi 'di dod i grafu'r ddesgil ia. Ond o'n i ddim adra. O'n i'n yr ysgol 'ma yn Bangor. O'n. Treborth. Cysgu yna. Am bum mlynedd – achos o'n i dipyn bach ar ei hôl hi efo sgwennu a darllan.

Ma nhw'n tynnu lle lawr rŵan. Ond o'n i isio cal gweld y lle eto ia, ac ath Mererid efo fi, chwara teg. "Pwy fedrwm oddach chi?" medda hi wrtha fi. "O dwi di bod mewn tri bedrwm," medda fi, "dwy yn y cefn yn fanna ac un yn ffrynt. Fan'na o'n i'n cysgu." Un ar ddeg o'n i'n mynd yno o'r ysgol ym Maesincla – tan o'n i'n ffifftin mewn ffor', sicstin yn Awst. A wedyn cychwyn gweithio yn y Faenol, ia. Ia.

Carys Angel

Panad a sgwrs yn Gray-Thomas. Be well?

"Ti'n cofio 'heaters' bach?"

"Yndw. Odd rheina'n beryg bywyd, ia."

"Oddan nhw'n dedli!"

"Cofio Diane, ia, 'di llosgi efo un."

"Ia, ia."

"Dwi'n cofio fi'n cwcio ar un o rheina. Dodd gin i ddim pres, a stôf lectric yn costio. Be wnesh i odd cal lectric ffeiar efo'r dair bar 'na. Rhoid o ar i gefn, cwshin odan fo – yli peryg – tynnu'r seiffti grid o'na a cwcio chips ar hwnna. Gymodd o dair awr i cwcio chips ha! Ac oddan nhw'n soggy hyll. Ond oddach chi jyst yn – be di'r gair – mynd efo be gennoch chi, ia."

"Ia."

"Ac oddach chdi'n joio bwyd yn well adeg yna hefyd."

"Oddan ni'n cal bwyd hen ffasiwn, fatha tatws pum munud . . ."

"Nid fatha rŵan – air-fryer!"

"Ach!"

"Sna'm blas arno fo."

"Na."

"Fatha mam ni, sosban chips – a lard. Wedyn odd hi'n gwagio fo, ar ôl neud chips, i jwg fel 'na, ac odd o'n mynd yn galad, galad. Odd hi'n rhoid o'n y pantri wedyn, tan oddach chi'n iwsio'r sospan chips eto. Oddach chi ddim yn wastio."

"A 'na chi beth arall, ia, dodd gennon ni'm ffrij pan oddan ni'n fach."

"Nagoedd."

"Pantris odd gyn bawb i gadw stwff yn oer."

"Ia."

"Oddan ni'n cadw llefrith yn y pantri neu yn y bath mewn dŵr."

"Wsti be, odd 'na ddim ffasiwn peth â sell-by date – os odd o 'di mynd yn green neu os odd 'na hogla . . ."

"Ss!"

"Oddach chdi'n gwbod i beidio twtsiad o!"

"Ond bod Dad jyst yn torri fo allan efo cyllath!"

"Ia. Enwedig efo caws!"

"Ia, 'Dorra'i hwn i ffwr' a fyta i'r gweddill'. Ac oddan ni'n deud, 'O my God!' Ond fel 'na oddan ni'n byw, ia."

Heidi Jones a Jen Mullender

Llun Angie

DILLAD

"Ti'n cofio Margaret Farell 'ta? Odd honna'n croshio 'toedd. Byth yn gneud dim byd arall, jyst croshio, dydd a nos."

"Oedd."

"Ar ei chadair . . ."

"Oedd, bechod."

"Odd hi ddim yn sbïo ar be odd hi'n neud, jyst busnesu rownd fel hyn – ac odd hi'n gneud ponchos da, ti'n cofio?"

"Odd hi'n gneud pob dim yn doedd?"

"Cofio Mam yn prynu un i fi – ac o'n i'n meddwl bo fi'n ddel ynddo fo!"

"Hy, hy!"

"Odd Nain fi, dwi'm yn cofio hi, mam Mam 'lly, wel dressmaker odd Nain. A be odd hi'n neud, os odd pobol fel Anti Edna efo llwyth o blant, a dim dillad neu whatefyr, odd Nain yn gneud dillad i'r plant allan o hen sheets."

"Oedd."

"Hen gyrtans. Odd hi'n neud bob dim i bawb. Blodwen, mam yng ngyfrath fi, ma'i 'di marw rŵan, Nain wnath ffrog brodas i hi allan o sheet a defnydd parashiwt."

"Ia."

"Wnath hi neud ffrog brodas heb patrwm, jyst allan o'i phen. Ac odd o'n styning. Dwi di gweld llun o'r ffrog. Oedd o'n styning. Biwtiffwl, lês a pob dim arni hi."

"Hogan ddel odd Blodwen ia."

"Oedd, mi odd hi."

Jen Mullender a Heidi Jones

Llwyd oedd lliw y rhan fwyaf o'n dillad ni, a'r rheiny wedi eu trwsio'n amal. Pan oedd coleri'r crysau wedi gwisgo, byddent yn cael eu hanfon at Mrs Pritchard, cymdoges efo peiriant gwnio Singer du ac aur, gyda thradl troed. Byddai hithau'n troi'r coleri drosodd neu'n gwneud rhai newydd allan o ddarn o gynffon y crys. Erbyn y diwedd, a dim o'r cyfryw gynffon ar ôl, byddai'r crys yn gorfod ildio'i swydd fel crys, cyn ail-ymuno ym mywyd y teulu fel clwt polishio i Mam.

Roedd hosannau'n cael eu trwsio, a gwisgai llawer o'r plant esgidiau lledr trymion â'u gwadnau wedi eu plannu efo stydiau haearn tri-phen niferus, er mwyn osgoi traul a chyfyngu ar eu hymweliadau â'r crydd. Ond trowyd yr esgidiau'n ddyfais fecanyddol gan y plant, drwy ei gwneud hi'n haws i lithro lawr palmentydd serth a chreu cymylau o wreichion o'u hôl.

Alwyn Parry

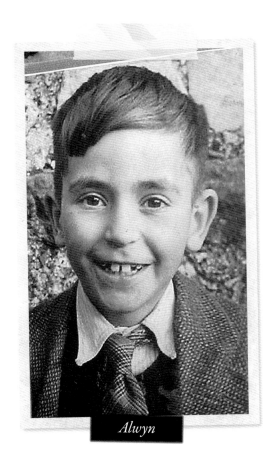

Alwyn

TEULUOEDD

"Adra odda chdi'n cal dy eni erstalwm."

"Ia, doedd dim ffasiwn beth â mynd i'r hosbitol."

"Ti'n gwbod pwy wnath dilifro fi? Mam Karen."

"Na!"

"Ar ddydd Mercher gesh i ngeni. Odd pobol ddim yn ca'l midweiffs. Ac êt pownd thyrtin o'n i…"

"Argol!"

"Ac odd Mam yn sgrechian – a dodd 'na ddim gas 'n air!"

"Na!"

"Jyst get on with it, ia!"

"Ar bora dydd Sadwrn gesh i yng ngeni, ac wsti Margo sy 'di marw wan?"

"Ia?"

"Ei mam hi wnath dylifro fi yli."

"Ia?"

"Achos odd Dad i ffwr'… hm… ar y loris 'de. Methu dod adra'n ddigon buan."

Jen Mullender a Heidi Jones

"Odd neinia yn bwysig rownd ffor' hyn. Jen 'di magu grandchildren hi – o pan oeddan nhw'n fabis, finna 'di magu grandaughter fi ers pan oedd hi'n fabi, 'chos bod eu mama nhw methu gwatsiad ar ei hôl nhw. Wedyn ma Jen a fi wedi cymyd y rôl – fatha fasa Nain fi 'di gneud erstalwm. Heblaw am neinia, 'sa rhai grandchildren wedi mynd i care swn i'n feddwl."

"Basan."

"Dan ni 'di magu a magu."

"Ia."

Heidi Jones a Jen Mullender

Dwi'n cofio Mam yn deud un stori am Nain (Jane Davies). Roedd Mam 'di gofyn am help ganddi tra oddan nhw'n springclinio. Oedd na'm dŵr yn y tai 'ma, ac oedd Nain 'di bod wrthi trw'r dydd yn golchi blancedi. Tua chwech o'r gloch mi ddoth lawr i baratoi cinio, ac fel oedd hi'n roid o ar y bwrdd, dyma gnoc ar y drws. Gofyn fasa hi'n mynd at rywun oedd yn wael. Mi ath Nain fel yr oedd, ac oedd hi yna trw'r nos efo'r claf. Fuodd y claf farw yn y bora, a wnath Nain neud y paratoada i gyd, y cwbwl lot, cyn dod adra – a hitha'n tynnu am ei saith deg oed. Cofio Mam yn deud, y basa hyn i gyd 'di lladd rywun hannar ei hoed hi. Ond roedd Nain 'di arfar efo gwaith calad, ac ma'n siŵr y basach chi'n medru deud yr un peth am y rhan fwya o ferched y dosbarth yna.

Norah Davies

Nain Norah a'i thad

O'n i'n mynd i dŷ Nain pob pnawn dydd Sadwrn. Achos odd Mam yn deud, "Allan i chwara bois!" Dim otsh be odd y tywydd. Iddi cal llanhau'r tŷ ma'n siŵr. O'n i'n heglu hi i tŷ Nain, ia, ac wedyn odd Nain yn checio pa un o'r saith o'n i. O'n i'n reit ddistaw, so o'n i'n cal mynd i'r tŷ. Ond o'n i'n cal boot allan pan odd hi'n watsiad reslo. Reslo odd y peth mawr gynni hi. Beibl a Reslo!

Dienw

O'n i yn y 'sbyty am dair mlynadd, yn Abergele. O'n i'n ddyflwydd oed yn ca'l TB. Oddan nhw'n deud mai achos y tlodi odd o. Dwi'm yn gwbod, 'chos babi o'n i. Ond odd na un neu ddau o'n stryd ni, a nhwtha'n dlawd, wedi landio fyny yn y sbyty efo TB hefyd. Drwg ar y lyng ydi o. Ond ma drwg ar y lyng yn digwydd yn amal mewn tŷ oer. Oddan ni ddim yn gallu fforddio cadw'r tŷ'n gynnas mae'n siŵr.

Oddan ni'n cysgu yn ein gwlau gyda nos ac oddem ni'n cal cotia drostom ni – am bod ni mor oer. Tamprwydd ia, condensation mawr yn y tai. Oddach chi'n cysgu 'di plygu fel pêl yn y gwely, a mae'n debyg bod gwres y corff yn codi moisture hefyd, yli. Gathon ni bywyd calad ond 'swn i ddim yn newid o am y byd.

Esh i ddim o'r hospital tan o'n i'n bump a hannar. Erbyn i mi ddod adra, o'n i ddim dallt gair o Gymraeg 'chos Saesnag odd pobol Abergele ffor'na'n siarad. Wedyn o'n i ofn siarad Saesneg yn tŷ efo Mam a Dad, am fod chwaer fi'n Gymraeg. Sefyllfa od ia? Odd hi'n siarad Cymraeg efo Mam a fi'n siarad Saesneg efo Mam. Odd o'n rhyfadd braidd.

Heidi Jones

O'n i'n ffifftin. Yn yr ysgol, o'n i'n clywed merch yn sôn am 'Mair' – fy enw i – wrth ferch arall. "Wnest ti ddeud rywbeth amdana'i rŵan?" medda fi. "Na, 'im byd!" O'n i'n gwbod bod hi wedi deud anwiredd, felly dyma fi'n gofyn eto, "Be ddeudis di amdana'i?" "Jyst deud bod ti ddim yn byw efo dy fam go iawn," medda hi yn diwadd. "Y? Be?" Meddwl a meddwl . . . a mynd adra i siarad am y peth efo'n twin, Myrddin. "Deud ti wrth Mam!" medda fi. "Na – deud ti be' ma nhw 'di ddeud amdana'i!" "OK ta," meddwn i. "Mam, chi 'di mam iawn ni?"

"O!" medda hi felna. Ond ar ôl dipyn, medda hi, "Ylwch, oedd eich tad a minnau isio deud wrthach chi. Bob tro cyn i chi fynd i'r gwely, oeddan ni'n meddwl – ai hwn oedd yr amser? Oeddan ni'm yn gwbod be i wneud!" A dyma hi'n rhoi ni i eista i lawr a deud, "Oedd ych mam go iawn yn ddynas wael iawn. 'Di hi ddim efo ni ddim mwy. Oedd gynni hi gansar. Ond bob pen-blwydd, a pob Dolig, oedd hi'n dod acw, i roid anrheg i'r ddau ohonoch chi. Ac oedd hi'n falch bod hi 'di cal cartra da i chi."

Pa bryd ddois i i fyw efo Mam? Sgen i ddim syniad. Ond dwi'n gwbod hyn – bod Myrddin a fi wedi cal cartra gwerth chweil. Ond pryd oedd fy mam go iawn fi wedi marw? Witsiwch m'bach . . . 1942, y, May the thirteenth, 1942. O'n i'n bedair ar y pryd.

Gesh i rioed lun o'n mam go iawn na gwbod hyd yn oed lle oedd hi 'di cal ei chladdu. Na . . . Ond blynyddoedd wedyn, ar ôl i ni tyfu fyny, ia, oedd Myrddin yn gwneud Ouiji Board efo'i ffrindia. Yn sydyn – o'n i ddim yn coelio'r peth – odd o'n sgwennu a sgwennu. A be oedd o wedi sgwennu ond nymbar, plot nymbar ei bedd hi, ac enw mynwant ar y Great Orme yn Llandudno! Aethon ni yna mewn hen Hillman Minx oedd gen i a ffeindio'i bedd hi mewn mynwant yn fan'no, yn edrych allan ar y môr! A'r ddau ohonom yn eistedd yna am hir a meddwl amdani. A wedyn dyma fi'n deud, reit, be am drio ffeindio allan os oes 'na bobol o gwmpas sy'n perthyn. A dyma fi'n sgwennu fy enw, a'n adres yn Glan Cadnant lle o'n i'n byw pryd hynny, a rhoi'r llythyr mewn plastig cyfyr ar y bedd – lle roedden nw'n rhoid y bloda . . .

Wel, mewn ryw wsnos ella, dyma'r ffôn yn mynd. "Hello? Is that Mair?" "Yes, who are you?" "Your sister!" "Wo! Wow! No!" A rhywbeth arall hefyd. Wnathon ni ffendio bod ein tad go iawn ni yn llongwr. A digwydd bod, ar y pryd odd Myrddin 'y mrawd 'di mynd i'r Merchant Navy. Y môr 'dach chi'n gweld – oedd o yn y teulu, yn y gwaed, doedd!

Mair Jones

ANIFEILIAID AC ADAR

"Dwi'n cofio Taid yn cadw ieir. Wedi ca'l nhw gan y boi jipsi odd o. Oedd Taid isio cadw ieir i gal wya, a'i lladd nhw i fyta pan oddan nhw 'di stopio dodwy wya. Ond un diwrnod, be wnesh i ond cau mys i'n glec yn nrws y pantri a troi'r gewin, nes oedd fy mys i'n ddu! Wnesh i sgrechian ar dop fy llais, mewn llais mor uchel, ddaru fi dychryn chickens Taid allan o'u croen! A welodd o byth mohonyn nhw wedyn!"

"Odd rhaid chi ca'l pwrpas i bob dim. Oddach chi'n methu fforddio ca'l anifal jyst fatha pet."

"Er, odd gennon ni gi, Alseshyn. Odd Mam di gwirioni efo fo 'de, a be oddan ni'n neud, oddan ni'n ffidio'r ci efo bwyd sbâr ni. Dim tunia bwyd o gwmpas y lle, a dim bilia fet!"

"Odd gennon ni'm bin yn tŷ erstalwm. Beth bynnag oddat ti ddim yn fyta, fatha ma Jen yn deud, os odd gen ti gi odd y ci'n byta fo."

"A ti'm yn cal rhoid asgwrn cyw iddo rŵan nag wyt."

"Na."

"Oddachdi stalwm. Ma na ormod o Health and Safety di mynd."

Jen a Desmond Mullender, a Heidi Jones

"Odd y gŵr yn cadw colomennod, ac oddan ni'n mynd i sioea. Wnathon ni ddal bys i fynd i Swansi a gath yr hogia ffwtbol ddod efo ni. Tan odd y sioe mlaen, gathon nhw fynd i watsiad Swansi yn chwara ffwtbol."

"Odd Dad yn cadw colomennod ffansi. Odd gynno fo dros cant, ond ei ora fo odd y 'Pomeranian Plutus'."

"Odd o'n cadw nhw mewn chwech sied yn cefn."

"Lot o fwydo arnyn nhw – ond odd yn curo'n y sioea, a weithio ennill bargan bwyd adar."

"Wnes ti guro llwyth . . . "

"Naw troffi gefaish i mewn un sioe."

"Odd 'na lot o bobol ar y stad yn cadw colomennod. Colomennod rasio. Ond 'di rhein ddim yn gallu fflio."

"Ma na blu mawr ar i traed nhw, wedyn ma nhw'n rhy drwm i medru codi o'r llawr i uchdar. Methu fflio i ben to na'm byd."

"So efo'r rhai gwyn cyn sioe rŵan de, pwcad, ac oddach chdi'n roid glo-white yn y pwcad a rhoid y deryn ynddo fo a hyn a hyn o ddŵr fel bod o'n cyfro fo at i wddw, a wedyn rhoid tywal dros y pwcad . . ."

Best in Show – Tomi Brownley ar y dde

"Efo twll yn ganol y tywal i'w ben o dod allan."

"Un tro o'n i'n mynd i siopa, ac o'n i 'di anghofio amdano fo! Dyna lle oedd o yn dal i socian! Hair dryer reit sydyn i sychu fo. Yn y sioe 'de, odd 'na ieir a petha yn gwaelod y bocs displê, wedyn odd 'na silff uwchben fatha balconi. Ac erbyn amser te, odd rhai fi wedi goleuo i fyny! Ond wnathon ni guro eniwé, achos doedd na'm byd i weld ar yr adag o'r dydd pan oddan nhw'n ca'l eu jyjio. Ond erbyn amsar te, pan odd y lle'n mynd yn dywyllach, odd rhai fi fatha glow in the dark!"

"Efo colomennod rasio, odd gynnyn nhw glocia'n dod efo nhw, a pan oddan nhw'n dod yn dôl adra, o'ch chi'n tynnu'r ring odd'ar ei choes hi a'i roid o'n syth yn y cloc. Wedyn oddach chdi'n methu ffugio, 'chos odd y cloc di marcio faint o'r gloch odd hi 'di dod yn dôl. Gaethon ni nhw yn Noddfa wedyn, a Feed my Lambs Hall. Odd gynnym ni sioea yn fanna hefyd doedd."

"Oedd."

"Geoff Capes, Dyn Cryfa'r Byd, yn cadw caneris a dod i'r Noddfa i ddangos ei adar bach. A'r dyn mwya neis fasach chi'n medru cwarfod, ia."

"Odd 'na dipyn yn cadw adar bach – caneris, byjis. Dydd Gwener oddan nhw'n gosod petha i fyny yn y neuadd, a wedyn bora dydd Sadwrn odd y jyj yn dod."

Marian a Gary Brownley

Dwi'n cofio nythod. Adar odd ein petha ni yn blant. Dal yr un peth heddiw! Ag o'n i'n mynd efo Myrddin i lawr i'r Plas i chwilio am nythod. Ddim yn twtshio nhw, jyst edrych arnyn nhw, sbïo faint o wya oedd 'na a'u lliwia nhw a petha fel'na. A beth mae nhw galw fi rŵan? Y Bird Woman! Ha ha ha! Achos mod i'n mynd dros yr Abar i fwydo'r adar. Ma'r adar yn fy nabod i! A hynny ers pan ddechreuis i fynd (dwi'm yn deud yr un cywion wrth gwrs!), ond ma nhw'n dod ar y bont i nghyfarfod i. Ma'r llunia gynna fi ar y ffôn fan hyn, 'lwch. Ma chi Titw Tomos, Great Tit ydi hwn, a Deryn Du, a Nut-hatch . . . A wiwar wrth gwrs. Ia, ma'r wiwar ma'n dŵad reit at 'y nhraed i, a ma hi'n rhoid ei dwy law i fyny. Ma gynna fi'r llunia! O'n i'n entyrtenio'r hogia ifanc 'ma odd o gwmpas. Oddan nhw'n dilyn fi, ac o'n i'n rhoid cneuen reit ar drwyn y wiwar. Ia. Ma wiwerod yn symud rownd y parc, ond ma hon yn 'nabod fi.

Mair Jones

Mair 'Bird Woman'

Global warming – mae o 'di gwneud rywbath i'r lle'ma. Ma nhw'n deud bod y môr yn codi, ia. Mae o wedi'n barod. Odd 'na le yng Nghaernarfon erstalwm lle odd yr elyrch yn nythu, am flynyddoedd. Lle oddan nw'n nythu, rŵan dan dŵr mae o. Petha felna dwi 'di notisio. A lle oddan ni'n campio yn Aber Menai, ma'r dŵr jyst iawn â mynd drosto fo.

Blwyddyn yma odd y gwaetha dwi 'di weld efo adar ar y Fenai. Ma 'na lot llai. O blaen oddan ni'n mynd allan a dyna lle odd y gannets a shearwaters. Oddan nhw'n dangos i ni lle odd y ffish yn doeddan, deifio i bob man. Petha bach 'di shearwaters, ma nhw'n nythu yn Ynys Enlli. A 'dan ni'n cerddad y llwybyr glan môr rownd Sir Fôn. Rhwng Rhosneigr, Malltraeth, Aberffraw. Ma 'na seins yna 'Do not touch the birds', oherwydd yr Avian Flu. Pob chydig o metres, odd 'na adar di marw!

Weithia dan ni'n cal colomennod yn landio ar y cwch. Racing pigeons 'di rhain. Pobol yn eu rasio nhw, ia, ac ma nw'n egsosted. Fflio o Holland neu le bynnag i fama, landio ar y cwch a mewn few days ma nhw 'di mynd. Pan ti allan ar y môr yn bell, g'lanod môr ti'n weld, gwahanol betha i sigyls Dre sy'n byta allan o bins. O blaen oddach chi'n gweld cychod yn dod i fewn ac yn gytio ffish ar y ffor' i fewn. Odd g'lanod am y gora yn mynd i lawr am y cwch i gal bwyd, ia. Dyna sut odd hi erstalwm. Ti'm yn gweld hynna rŵan. Does na ddim trolyrs yma rŵan.

Trefor 'Iesu Grist'

Dach chi 'di clywed am Steven do? Steven Seagal? Odd o 'di cal ei eni ar y traeth dros yr Abar, ac odd o 'di torri ei goes. Odd hi jyst yn hongian sti, 'di mynd yn ddiffrwyth. Oddan ni'n teimlo dros y sigyl bach ifanc 'ma de, weld o'n stryglo, a ffidio fo. Wedyn odd o'n dod atom ni. Pan oddan ni allan ar y môr fasa fo'n landio ar y gwch sti. Odd o efo ni am rhyw bedwar, pum mlynadd. Duwcs, odd gin i sofft spot amdano fo!

Ma nhw'n territorial, sti. Gei di rai ar y cei 'ma, ma nhw wastad ar yr un un postyn. Ond odd hwn yn trio comandio'n cwch ni fel ei derritory fo. Yn yr awyr odd yn gneud yn grêt, ond pan odd yn landio ar yr un goes 'na, odd y sigyls erill yn medru'i gnocio fo lawr. Argol! Oddan nhw'n reit frwnt de. So be odd o'n neud odd landio ar y cwch pan oddan ni allan a fi'n ffidio fo pob bora.

Steven Seagal ac Emrys ar *Queen of the Sea*

Mi ddaeth yr actores enwog Julie Walters ar y gwch un tro, efo'i granddaughter bach, ac odd y criw camera 'di gwirioni wrth weld Steven yn sefyll ar ei un goes ar dop y Wheelhouse. Fel arfer fasa fo ddim ond yn dod pan oddan ni'n mynd lawr i Belan ac yn ôl. Odd o'n ein gweld ni o filltiroedd i ffwr, nabod y cwch ynde, a dod atom ni. Eniwé, oddan ni 'di mynd ffor arall tro yma, 'chos odd y criw camera isio fi fynd at bontydd y Fenai. Odd Julie Walters yn aros mewn tŷ jyst cyn cyrradd Menai Bridge ac oddan nhw isio fi ei disgyn hi off. Eniwé, mi ddoth Steven ac mi odd o'n fflio efo ni am tua dau funud, ond odd o'n methu landio achos odd 'na lot o griw camera ar y dec.

Mi ddiflannodd i ffwr' yn llwyr i rwla'n y diwadd, a hynny tua'r amsar pan oddan nhw'n ffilmio *The Crown* a gneud scenes yr Investiture yng Nghaernarfon. Oddan nhw'n ffilmio yma am ryw wthnos. Ac o'r amsar hwnnw ymlaen, wnesh i byth ei weld o wedyn. Odd o tua pump oed 'swn i'n deud, ia.

Odd 'na foi'n cal ei dalu gan y Cownsil i gal gwarad o wylanod. Odd gynno fo Eagle Owl. Ac odd y sigyls yn gneud twrw ofnadwy wrth ei weld o. Odd na rai ohonyn nhw wedi clirio oddi ar toia'r Maes hyd yn oed, a symud tŷ dros yr Abar atom ni! Dros y gaeaf, odd y cwch yn sefyll, ac oddan nhw 'di gneud nyth ar ei ben o. So mi symudis i'r cwch reit sydyn cyn iddyn nhw ddechra dodwy wya ynddo fo. G'neud llanast ma nhw 'de!

Emrys Jones

Fel llawer o drefi glan y môr, oddan ni'n cal traffath efo'r gw'lanod. A ma hynna'n naturiol, medda'r naturiaethwr Iolo Williams, oherwydd os ydan ni'n ca'l caffis tu allan a bwyd tu allan, ma'r gw'lanod wedyn yn dod i'r trefi. Bai ni! Ond oddan nhw wedi mynd yn bla. Oddan nhw'n nythu yn y meysydd parcio – odd pobl yn goro' nôl 'u ceir ar ddiwrnod braf, heulog hefo ambarels, oedd wir, achos odd gwylanod yn 'mosod arnyn nhw! Agor 'u penna nhw, tolcio nhw! Odd pobol yn goro mynd at doctor a ca'l pwytha! Oddan nhw 'di mynd yn bla go iawn de.

Wedyn dyma fi'n sgwennu at y Cyngor ar ôl 'mi gal syniad sut i gal gwarad â nhw. Do'n i'm isio neb i roid gwenwyn iddyn nhw. Wrth gwrs, odd na rai eisio dringo fyny at yr wya a malu nhw te. Ond dyma fi'n meddwl, wel os na fedrwn ni ordro pawb i stopio byta yn y Dre', be tasan ni'n cal rhyw dderyn ysglyfaethus i'w hel nhw o'ma? Ac o'n i'n meddwl mai rhywbeth fatha cudyll glas neu rwbath 'san ni'n gal, de. Ond na!

Chwara teg i Gyngor Tref Carnarfon, dyma nhw'n cal gafal ar Islwyn – dwi'n meddwl ma Islwyn odd i enw fo. Mi ddoth yn ei fan, ac yn byw a chysgu yn ei fan hefyd. Odd gynno fo dylluan o'r enw Elsa. Ia wir, tylluan gafon ni! Ac odd hi'n dylluan eryr, efo clustia'n sticio fyny a llygaid mawr, melyn ac os fasach chdi'n mynd yn rhy agos ati odd hi'n chwythu arnach chdi. Dodd hi'm yn gweiddi 'tw-whit tw hw' fel tylluan frech.

Beth bynnag, dyma Islwyn yn gollwng Elsa rownd y Dre, a honno'n hedfan rownd Carnarfon i gyd! Dew! Pan welodd y gw'lanod hi, mi aethon nhw'n un fflyd i'r môr yn ôl! Ac odd Islwyn yn mynd i ysgolion ac yn egluro be odd hi – fel bod nhw'n deall be odd hi'n neud yn y Dre ma 'lly. 'Dach chi ddim i fod i'w chyffwrdd hi, 'chos fasa hi'n gallu'ch sgriffio chi 'lly. Ond odd hi dan reolaeth lwyr gynno fo.

Odd gynno fo dylluan arall hefyd, un bach wen, ddel. Odd honno'n cal ei llogi allan gynno fo mewn eglwysi. A'r cynllun oedd: os odd rhywun yn priodi, mi fasa'r priodfab yn trefnu'n gyfrinachol efo Islwyn, a hynny heb sôn yr un gair wrth y briodferch, fod yr hen dylluan wen, bach 'ma'n dod i mewn i'r capal neu eglwys fel odd y gweinidog/ficar yn ymestyn am y fodrwy.

Ond nid gan y gwas priodas fasa'r fodrwy. Fasa hi'n cal ei delifro gin y dylluan yn y fan a'r lle. Hy hy!! Ac weithia fasa'r dorf a'r gwesteion yn cynhyrfu, efo tylluan bach yn hedfan i mewn i'r eglwys – "Waaaaa!" Pawb ei hofn hi, hy, hy! Ond fasa hi'm yn brifo neb, odd hi'n ardderchog.

Wnes i sgwennu cân am y gwylanod cyn i Islwyn ddŵad, ac oddan ni gyd yn gweiddi 'Baw, baw, baw, baw!' yn y gytgan – achos oedd y gwylanod ma'n llythrennol yn gneud pw ar ben pawb. 'Dyn nhw ddim yn heijinic nag'dyn! Hy, hy, hy, hy, hy!

Mari Gwilym

Islwyn ac Elsa

Y DRE A'I LLEFYDD ARBENNIG

Ma 'na awyrgylch yn yr hen Dre ei hun. Wrth weld patrwm tref Normanaidd wreiddiol Caernarfon o'r awyr, ma'r strydodd ar lun grid Rhufeinig. Ychydig iawn sy' 'di newid yn y darn bach hwn, er mai'r unig adeiladau sy'n dyddio o'r ddeuddegfed a'r drydydd ganrif ar ddeg go iawn ydi'r castell ei hun, waliau'r dref, ac eglwys y Santes Fair. Ac mae'r hen gae y tu allan i'r muriau yn dal yn ardal agored. Dyma'r 'Maes' wrth gwrs . . .

Emrys Llywelyn

Y Maes

Odd na stondina ar y Maes yn gwerthu llestri a lot o betha – coetshis a babi dolia rhad ia. A wnath 'y mrawd prynu llyfr drawing i fi. Un mawr tew fel 'na. A pensils lliwia, hanner coron. Esgob, petha rhad de, does na'm rhai fel'na rŵan. Odd 'y mrawd yn ffeind efo fi, 'chi. Gath o cansar y bowels yn ffiffti ffeif. Ond odd fy nhad yn êti ffeif yn marw. Yn êti tri odd o dal i weithio! Llnau fflatia. Oedd.

Carys Angel

Mae'r Maes wedi newid yn hollol o pan oedd Mam yn blentyn. Mae hi'n cofio dal bws o'r Maes. Roedd y bysus i gyd yn parcio yn fan'no mewn lein. Ei hoff weithgaredd oedd dal bws mawr dybl decar, ac eistedd reit ar y tu blaen yn teimlo ei bod hi ar reid gyffrous wrth symud mor ofnadwy o agos i'r adeiladau ar y Maes. Roedd y lle yn llawn bywyd – pobol a ceir yn pob man, lle prysur iawn a blodau lliwgar o gwmpas.

Sam Aston, Ysgol Syr Hugh

Y Maes, darlun gan Alwyn Parry

Roedd ocsiwn anifeiliaid yn cael ei gynnal ar y Maes a dyna pam roedd yna ffynnon ddŵr i'r anifeiliaid gael yfed. Roedd yna gylchfan yng nghanol y Maes.

Tirion Davies, Ysgol Syr Hugh

Mae'r defnydd llechen wedi cael ei ddefnyddio ar lawr y Maes oherwydd ei fod yn lechen Gymreig. Er ei fod yn edrych digon neis mae o'n hynod o lithrig . . . Ma Mam 'di cael profiad o hyn.

Lois Johnson, Ysgol Syr Hugh

Ar gornol siop Astons (ble mae Siop y Porth rŵan) roedd yna res o ddynion o bob oed yn pwyso ar y reilings yn sgwrsio trwy'r dydd.

Llew Humphreys, Ysgol Syr Hugh

Roedd y Maes ar nosweithiau Sadwrn yn orlawn o'r arddegau a'r ugeiniau. Roedd y ddau ryw yn cerdded ar wahân o gwmpas y bloc via Stryd y Plas, o dan y Guildhall ac yn ôl i'r Maes. Mewn gwirionedd roedd hi'n debycach i farchnad ffermwyr anifeiliaid heb ffermwyr yn byseddu a phinsio (wel, i ddechrau o leiaf!) wrth i'r ddau ryw fesur hyd a lled ei gilydd cyn gwneud y bid terfynol. Yn y diwedd, os oeddan nhw mewn lwc, byddai'r agwedd wawdlyd arwynebol yn ildio, llygaid yn cyfarfod, a'r cam nesa'n digwydd – sef tro bach i ardaloedd distawach y Dre, ar hyd ymyl yr harbwr o dan gysgod y castell a waliau'r hen dre. Pwy a ŵyr beth welodd ac a glywodd yr hen waliau dros y canrifoedd? Wrth gwrs cheith y straeon hynny byth eu dweud. 'Wel?' meddai Wil wrth y Wal. Ddeudodd y Wal ddim byd wrth Wil . . .'

Alwyn Parry

Castell

Adeiladwyd y castell yn 1283 gan Edward y 1af.

Tirion, Ysgol Syr Hugh

Mae o'n deud rywbeth am hanas y Dre 'ma, pa mor bwysig odd ei gastall i'r sglyfath brenin Edward y Cynta 'na. Odd o'n ddyn brwnt, go iawn 'lly. Longshanks. Wnath o niwed enfawr i'r Cymry, ond wrth gwrs, mi wnath y Cymry fel mae nhw'n neud bob amsar. Cilio i'r mynyddoedd yn ddistaw bach, ac ail-adeiladu. Pan ddoth 'na gaer yma gynta' un, caer motte and bailey odd hi. A dyma lle penderfynodd yr Edward 'ma fildio ei syrcas. Castall *enfawr*! O dan bob twr, ma 'na gysylltiadau yn rhedag

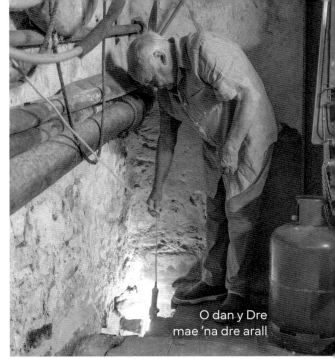

O dan y Dre
mae 'na dre arall

rhyngddyn nhw 'na fedri di eu gweld. Twneli o bob math, ar gyfer ei amddiffyn o. Wnath neb erioed ei gipio fo. Mi fedrat ti dreulio oria yna, fel oddan ni'n blant, yn chwara chase tan oddan ni'n cal ein hel o'na! A ma 'na lefydd yna na fasat ti'n gwbod eu bod nhw'n bodoli oni bai dy fod di'n gwbod lle i fynd . . .

Mae'r castell yn arwydd bod Caernarfon yn ganolfan weinyddol ac ariannol ers y drydydd ganrif ar ddeg. Odd Trysorlys Meirion ac Arfon, a Môn yma hefyd. Odd y Normaniaid 'di'n chwalu ni'n racs, meddan nhw. Ond 'dan ni'n codi rwan i fynd i weld y castall ddaru nhw godi i'n rhoid ni lawr! A ma Cadw 'di gwario milodd ar greu celfyddyd tu fewn i'r castall. Edrych yn dda iawn hefyd, deud y gwir.

Emrys Llywelyn

Yn selar tŷ Bob dros ffor', ma 'na ryw dwnel yn mynd at y castall. Ac yn selar ni fan hyn, ma 'na hen, hen ffynnon. O'n i di ffeindio coins a petha, do, a llwyth o cetyns clai – *llwyth* ohonyn nhw! Ma'n rhaid fod 'na wal bach rownd y ffynnon, a pawb yn eistedd arni i sgwrsio a sbio lawr Cei. Wedyn odd y Queen's Gardens yn mynd o'r ffynnon reit at yr eglwys. Gwraig Edward y 1af 'sti, Queen Eleanor o Castile. Odd hi wrthi'n cynllunio'r ardd 'ma tra odd y castall yn cael ei adeiladu. A ti'n gwbod lle ma'r Yacht Club? Wel, ma nhw'n deud mai yn fanna odd penseiri'r castall yn gweithio. Ac yn fanna odd y gât er mwyn i bobol dod i mewn i Dre ia, Porth yr Aur, Y Golden Gate. Drwy fanna o't ti'n dod i mewn i dalu dy drethi.

Richard Pritchard

Siops

Odd na lot o becwsys yn Stryd Llyn. Odd yr hogla bara'n hitio chdi. Wedyn odd gynnoch chdi siop cig, siop ffrwytha. Odd 'na siop bysgod yn top Dre, ac odd y dyn yn dod rownd efo'i fan hefyd. Odd Mam yn gyrru fi lawr yna gan ddeud, "Dos i ofyn am ffish melyn". Odd hi'n rhoid pres i mi, ond isio'r newid yn ôl wrth gwrs – a dyna sut wnesh i ddysgu sut i wneud maths.

Sharon Jones a Carys Fox

Becws Avana, 1956, y llun wedi ei gymryd gan John Carreg Griffith ar ei gamera Box Brownie, no 2.
Rhes gefn: Amy Owen, Catherine Guy, Brenda Jones, Mary Owen, Mrs Barton
Rhes ganol: Joyce Williams, Stella Jones, Non Evans, Mair Evans
Rhes flaen: Hugh Pritchard, Margaret Owen, Nancy Jones - gwraig John, Mair Jones, Gwynedd Jones

Pan odd hi'n amsar rations odd Mam yn cal bwyd babi ac orenj jiws a petha felly. Cofio nôl rheini. Ticed bach odd gynnon ni, ia. Wedyn, yn Pen Llyn, mi odd 'na siop yn fan'na – Gangsters oddan ni'n ei galw hi – ac oddan ni'n ca'l ryw lemonêd neu Dandelion Burdock efo'r cwpons. Lawr Cei odd y pysgotwyr yn gwerthu pysgod. Odd yn Yncl i'n gneud, ia, oedd o efo cwch mawr, ac Yncl Hari – odd o efo cwch hefyd.

Carys Angel

"Dwi'n cofio siop Magi Gwningod. Reit wrth ymyl lle ma siop Boots. Cofio pasio a'i gweld hi'n eistedd tu allan ac yn plygu drosodd fel hyn. Odd genny hi layers o ddillad, a'r dillad i gyd 'di gweu. Odd hi'n edrych yn reit sinistr, a deud y gwir."

"Ia 'de. A'r cwningod a'r ffesants yn hongian tu allan. Pan ti'n gweld anifail 'di marw, mae eu llygada nhw'n dal i sbïo."

"Yyy! O'n i'n cerdded lawr stryd 'de, trio peidio mynd rhy agos. Rhedag wedyn. Odd gen i wir ei hofn hi!"

Sharon Jones a Carys Fox

Mae llawer o siopau wedi newid dwylo drost y blynyddoedd. Mae Mam yn cofio rhai yn well na'r lleill. Pob dydd Sadwrn roedd hi a'i ffrindiau yn mynd i Dre a'r lle cynta oedda nhw yn mynd oedd i Woolworths yn Stryd Llyn, i brynu records gyda pres pocad ag i edrych ar y teganau gwahanol. Yn top Stryd Llyn oedd 'na siop or enw Sparkles, oedd yn gwerthu gemwaith rhad a petha bach lliwgar a rhyfedd i edrych arnyn nhw.

Ar y Maes odd siop melysion Bertorelli. Mae Mam yn cofio'r siop yma am fod y perchennog yn reit sych ag yn gallu bod yn short hefo plant oedd yn mynd i mewn i'r siop. Llawer o blant ofn yr hen Mr Bertorelli neu'n tynnu arno fo tan oedd ynta'n gweiddi a hel nhw allan o'r siop!

Sam Aston, Ysgol Syr Hugh

Roedd fy hen nain yn rhedeg dwy siop ar Stryd y Llyn o'r enw E & I Stores – yn gwerthu dillad a hetiau.

Tirion Davies, Ysgol Syr Hugh

Mae newid mawr wedi bod yn nifer y siopau sydd ar strydoedd Caernarfon yn enwedig Stryd Llyn. Arferai fod dewis eang o siopau a gynigiai pob math o nwyddau. Yn eu lle heddiw mae nifer o siopau betio a siopau elusen, sydd ddim wrth fodd pawb.

Dafydd James-Bevan, Ysgol Syr Hugh

C.C.Williams, Stryd Y Farchnad.
Llun: Helen Cordes

"Fy nain, Annie, ddaru dechra'r busnes Gray Thomas yn 1924 efo'i gŵr. Ond ddaru hi golli'i gŵr yn ifanc ar ôl effaith gas yn y Rhyfel Byd Cynta. Wedyn odd hi'n magu tri o hogia, a 'di ca'l amseroedd caled, faswn i'n deud. Wedi colli ei gŵr, magu tri o fechgyn – trwy'r Depression, trwy'r Ail Ryfel Byd."

"Felly odd Nain ar phen ei hun, a dwi'n meddwl bod y siop yn reit fychan, dim pres yn dod o nunlla, dim Social Security. So odd hi'n gorod gweithio'n galad i werthu fancy goods."

"Pan o'n i'n tyfu fyny rodd 'na siop records ochor arall i'r caffi draw fan'cw. Yncl Wyn ac Yncl John oedd yn rhedag honna. Odd 'na fŵth gwrando records yna . . ."

"A ddaru John ac Alun brynu eu gitars cynta fan hyn. Odd hi'n fwrlwm gwyllt yma pan odd 'na ryw record newydd yn cal ei ryddhau ynde . . . bŵths lle odd pobol yn medru mynd i fewn efo clustffonau ac o, ychi, odd hynna'n very much high tech adag yna ynde!"

"Beth odd pobol yn neud odd prynu singl records de."

"Dwi'n cofio prynu Tebot Piws."

"Dwi'n cofio Pelydrau a Roced Bach fi a Tony ac Aloma, hy hy!"

"Ar un adag oddan nhw'n allforio recordiau i bedwar ban byd wyddoch chi. Odd 'na lot o ddiddordeb – canghenna o ryw Gymry-ar-Wasgar yn Canada, America, Awstralia."

"Odd Russ Conway 'di dod yma, pianydd a megastar mawr dyddia yna. Odd 'na giws yn mynd rownd gornal 'na yn disgwyl i'w weld o."

"Ia, odd Russ Conway 'di cal ei fobio, fatha ryw seren Hollywood. Oddan nhw'n gorod sleifio fo allan trw'r drws cefn, odd 'na gymaint o growd! Ac odd yr heddlu'n gorod dod yma i reoli petha!"

Eleri Gray-Thomas, Carys Fox a Sharon Jones

"Ti'n cofio Survivor yn dod yma? Tramp odd Survivor, ac odd dy dad yn ffeind iawn efo fo, rhoi brecwast a gadal iddo fo siafio yma 'doedd."

"Ha ha!"

"Ac odd o'n cal bwyd a can, a wedyn odd o'n mynd i siop drws nesa ac odd o'n cal rywbeth yn fanna."

"Oedd, roedd pobol yn ffeind efo fo. Yn y cefn oddan ni'n cadw hufen iâ – a dyna beth odd Survivor yn ffansïo."

"Odd dy dad yn deud wrtha'i, 'Dos i neud hufen iâ iddo fo.' "

"Odd pawb yn ei ddallt o, dodd 'na ddim drwg yno fo."

"Dwi'n cofio'r Arwisgiad yn 1969, ac odd hwnna yn achlysur welwn i byth eto, wyddoch chi. Erbyn hyn ma barn pobol 'di newid, ond odd o 'di rhoi Caernarfon ar y map yn bendant."

"Cofio eistedd allan lle ma'r fflat 'na fyny grisia a ca'l bird's eye view. Odd 'na sgaffolding 'di cael ei godi 'doedd, achos oedd 'na gamera telefision isio siot uchal dros walia'r castall."

"Mae o 'di bod yn lle i eistedd i'r teulu cyfan . . . Ma'r darn bach yma o'r adeilad 'di bod yn Grandstand view erioed ar ddigwyddiada'r Dre a'r castell!"

Eleri Gray-Thomas a Carys Fox

"Odd 'na gymeriada fatha Dic Doc odd yn arfar cadw siop watshys. Dim ond un diwrnod yr wythnos odd o'n agor y siop! Odd o'n crwydro lot yn nos, medda Dad, o gwmpas y Dre. So os basa'r polis isio gwbod rywbeth oedd yn digwydd, fasa nhw'n mynd i ofyn i Dic Doc rhag ofn i fod o 'di gweld rhwbath 'chos odd o'n greadur nocturnal fel basan nhw'n ddeud.

Sharon Jones

Odd gen chwaer i'n nhaid ei siop bach ei hun yn Stryd yr Hendre yn gwerthu loshin a blawd a bara a ballu. Odd cymydog yn cofio mynd yna i weithio fel geneth ifanc, a gorfod dangos ei dwylo cyn ca'l syrfio. Odd Anti Elsie yn reit barticiwlar amdan glendid. Odd hi 'di priodi efo Robin. Oedd o'n tyfu llysia yn lle ma garej Texaco rŵan. Odd gynna fo allotment yn fanna ac odd o'n arddwr yn Parcia, felly oddan nhw'n byw yn y Loj ar ffordd Bethel. A dyna chi Anti Dilys, siopwraig arall. Odd hi'n gwerthu'r letys gora yn Garnarfon!

Eleri Gray-Thomas

Eleri a Carys

Sesiwn dda y tu allan y Crown

Pybs

Ma pybs 'di bod yn bwysig yng Nghaernarfon erioed, o'r adag pan odd o'n borthladd, morwyr yn dod i fewn isio drinc yn nos, de.

Sharon Jones

Y sŵn mwya glywyd yn y Dre erioed oedd pan gynhaliwyd diwrnod Rowlio'r Gasgen. Roedd y ras yn dechra ar y Maes efo hanner o gwrw yn y Castle (fel ag yr oedd). Yna pawb yn rowlio'u casgan ar hyd Stryd Bangor i'r George, ymlaen i'r Ship & Castle a'r Prince of Wales, a hannar peint yn bob un. Yna i gyfeiriad yr Hen Dre, ac un sydyn yn y Black, Pendeitsh a lawr Allt Castell i orffen. Efo'r hogia wedi rhedeg ac yfed am dipyn o amsar, prin oedd eu rheolaeth ar y casgenni erbyn diwadd, gyda sawl casgen yn diweddu yn yr afon, a dod i'r lan yn Belan – neu ymhellach!

Emrys Llywelyn

Roedd fy nhaid yn Heddwas yn ardal Caernarfon o 1971 am ugain mlynedd. Pan oedd Taid yn arestio pobl bryd hynny roedd y ddalfa wrth ymyl yr hen lys yng Nghaernarfon. Mae tua pum deg y cant o'r tafarndai oedd ar agor bryd hynny wedi cau erbyn hyn.

Dafydd James-Bevan, Ysgol Syr Hugh

Wel, y stori ydi hyn. Blynyddoed maith yn ôl, odd Annie Roberts 'di bod yn siop yr Afr Aur ac odd hi 'di prynu sgarff newydd am swllt. Amsar Dolig oedd hi. Dyma hitha'n gwisgo'r sgarff ma a mynd i'r Cwin Bach, tafarn ddim yn bell o'r Cloc Mawr. Dodd neb yna bron. Dim ond rhyw ddyn diarth yn eistedd o flaen y tân, a dau o hogia lleol wrth y bar yn chwara dominos. Gath hi frandi bach gan Norman tu ôl i'r bar, a wedyn "Nos da rŵan, Dolig Llawen!" medda hi.

A dyma hi'n mynd i fyny Lôn Bupur – Twll yn y Wal ydi o rŵan. Odd hi'n dywyll yno, dim gola o gwbwl, ond odd hi'n gwbod 'i ffor'. Odd hi'n byw ar ali fach oddi ar Stryd Llyn . . . ond wnath hi byth gyrradd.

Bora wedyn, pan odd yr hogia'n clirio'r strydoedd, dyna lle odd corff Annie, yn waed i gyd. Odd hi 'di cal i rheibio a'i lladd. Hyd heddiw does neb yn gwbod pwy laddodd Annie Roberts. Ai'r dieithryn yn y Cwin Bach? 'Ta ddim? Dirgelwch arall o'r hen Dre . . .

Emrys Llywelyn

Dynion y Dominoes 2024 – Douglas Jones a John Bromley

Yr Hen Sinema

Yn yr hen sinema yn Guildhall oddan ni'n cal matini ar pnawn dydd Sadwrn. Os oddan ni'n cal pres gin rywun am fynd i siop, oddan ni'n cadw fo, ac yn diwadd odd na chwech cheiniog bach i fynd i sinema. Wedyn odd na siop sweets bach ar y ffor lawr, a dynas bach yn gweithio na, wna'i byth anghofio hi, dynas bach mewn du pob tro. Oddan ni'n gweld hi'n creepy pan oddan ni'n blant!

Staff y Majestic

Odd ei sweets hi bob tro yn damp, ond odd hi'n gwerthu nhw i ni'n rhad. Ha! Dwi'n gwbod! A fel na oddan ni'n cal sweets i watsiad ffilm – sweets bach siocled a crwn, ym . . . chewy nuts neu rywbeth odd eu henw nhw. Oddan ni'n sipian nhw yn hir a wedyn cnoi.

Ond odd o'n beth mawr, 'chos oddan ni ddim yn cal mynd i nunlla, chi. Gwylia i ffwr'? God, na!

Heidi Jones

Mae Nain yn cofio dwy sinema yn Caernarfon. I fynd mewn roedd o'n costio naw ceiniog ac roedd da-das yn dair ceiniog.

Lois Johnson, Ysgol Syr Hugh

Esh i pictiwrs yn p'nawn, Empire. A be welish i yn pictiwrs? Norman Wisdom a Laurel 'n Hardy, a Mrs Thursday. Arclwy mawr – lot o gomedi! A mrawd yn y pictiwrs, yn eistedd tu nôl. Odd o 'di prynu eis crîm i fi. Ia.

Carys Angel

Roedd hi'n antur ymweld â'r hen Guildhall. Nid yn unig eu bod nhw'n dangos ffilmiau cowbois, ond roeddech chi'n gallu lansio awyrennau papur oddi ar y balconi, a'u gweld nhw'n fflio'n braf ar draws y sgrin.

Fel arfer roedd 'na ddau neu dri ohonom ni. Yn gyntaf, byddem yn rhannu'n hadnoddau ariannol. Wedyn, mi fyddai un ohonom yn talu'r tair ceiniog tra gwibiai'r ddau arall rownd y gornel at yr allanfa dân. Cyn bo hir byddai'r bar yn cael ei godi o'r tu mewn i'w gwneud yn allanfa ddi-rwystr.

Idris Evans, plismon go iawn yn hysbysebu ffilm am blismon! 1950

Cripian i mewn yn euog wedyn, a llithro'n isel i mewn i'n seddi rhag i neb ein gweld – cyn cael ein swyno gan Hopalong Cassidy, Roy Rogers, ac yn arbennig y Lone Ranger. Fuasai hi ddim yn hir cyn i ni ymuno â gweddill y plant wrth iddyn nhw ganmol campau dewr yr Arwr Mygydol gyda bonllefau byddarol, a bwio'r Gelyn hyd yn oed yn uwch!

Alwyn Parry

Odd Nain fi'n chwara piano yn silent movies yn yr Empire – sy' rŵan yn Bingo. Dyna lle odd hi'n gweithio, chwara, chwara. Ac odd hi bob tro yn deu'tha fi de, "Hyd yn oed os o'n i efo annwyd Sharon, o'n i'n hel fy hun at ei gilydd pan odd y ddrama'n dŵad." Odd hi'n mynd yn bob tywydd. Hyd yn oed os odd hi'n sâl odd hi'n mynd, dim otsh. Ac wsti be, ma un ferch i mi wrth i *bodd* efo chwara piano. Jyst fel ei Nain . . .

Sharon Jones

Y Pafiliwn

A beth am y Pafiliwn? Adeilad o'r flwyddyn 1877 yn dal saith mil o bobol – a hwnnw'n cal clec i'r llawr yn yr ugeinfed ganrif.

Odd Blondin y cerddwr weiran yna, yn sefyll ar ei ben ar weiren dynn yn cwcio omlet! Odd Lloyd George yna, wrth gwrs. A Paul Robeson hefyd, wnath o ganu yna. Fasan nhw 'di gallu cal y Rolling Stones yno yn basan? Ond 'na fo, ma' hwn'na 'di mynd . . .

Emrys Llywelyn

Y Maer Elliot Alves ar ddiwrnod carnifal yn y Pafiliwn

Cofio Mam yn sôn am y Pafiliwn, mynd yna i wrando ar Lloyd George. Ac i feddwl bod nhw 'di adeiladu'r lle mewn ychydig o fisoedd ynte! Oedd hi'n ganolfan fawr. Cyngherdda, cyfarfodydd enfawr, syrcas, pob math o betha yna – Blondin yn cerddad ar hyd ryw tightrope.

Norah Davies

Oddwn i a Loreen yn mynd yno i'w gweld nhw'n chwara tenis pob dydd. Y lle 'na wrth Twtil, ychi, lle ma'r siop tships 'na rŵan. Rownd fanna. Pafiliwn odd ei enw fo. Yn gwaelod odd 'na fatha bobi horses a petha felly, fath ag yn Rhyl, yn y Marine Lake.

Dim ond sbïo arnyn nhw'n chwara tenis oddan ni, ia. Eistedd lawr, 'de. Oddan ni'n mynd i ddawnsio wedyn. A Mam yn deud, "Pam na 'sach chdi'n dod adra i gal newid a molchi cyn mynd?" "Na, o'n i'n iawn Mam," medda fi. "Argol, dylsach chdi fod wedi dod adra siŵr!"

Ha ha! Odd Mam yn flin efo fi!

Carys Angel

Charles Blondin.
Enwodd chwarelwyr Gwynedd ddyfeisiadau trafnidiaeth rhaff uchel yn Blondins i'w anrhydeddu.

Canolfan Noddfa

O be dwi'n ddallt, wnathon nhw adeiladu stad tai cyngor yn y pumdegau, achos oedd 'na dai reit ddifrifol yn y dref ei hun. Ond be wnaethon nhw wedyn, wrth gwrs, oedd symud pobl y dref i gyd i'r tu *allan* i'r dref, de. So odd pawb yn bell o Dre ei hun. Llwyth o dai, lot o bobl, cymuned glòs, ond doedd na ddim lot o amenities ella, ia.

Mererid Williams

Dywedodd Nain bod nifer sylweddol o dai wedi ei hadeiladu yng Nghaernarfon dros y blynyddoedd. Dyma lun o stad o dai Maesincla, Ward Cadnant, yn cael ei adeiladu yn y chwedegau. Fy hen Nain oedd y tenant cyntaf i fyw yn un o'r tai ma. Mae 945 o dai bellach wedi adeiladu ar y ward.

Lea Jones, Ysgol Syr Hugh

Roedd yr Eglwys Bresbyteraidd – yn dilyn patrwm y Methodistiaid a'r Salvation Army –wedi dechra gwneud gwaith ymarferol yn nauddegau'r ganrif ddwytha. Roedd Sister Emily Roberts yn gweld bod 'na angen dechra gweithio yn y gymuned yn ymarferol heblaw am yr ochr genhadol – sef addysgu Beiblaidd ac yn y blaen.

Ond roedd hi isio rhywle i gyfarfod. Ar y dechra be oeddan nhw'n neud oedd defnyddio'r capeli yn y dref. Ac oedd Sister Emily yn mynd â'r plant lawr yn rheolaidd o Peblig i ganol y dref i wneud gweithgareddau yn un o'r missions bach 'ma. Ond wedyn dyma hi'n penderfynu bod angen cadw'r plant ar y stad ei hun. Wnath hi ddarganfod fod 'na gapel yn cau ym Mhorthmadog, capel to ag ochra sinc. Ac mi drefnodd bod 'na rywun yn tynnu'r capel i lawr, ei gludo fo i Gaernarfon a'i ail-adeiladu fo yn ganol y stad lle mae o rŵan. Oedd hynna'n neintîn ffiffti-sics dwi'n meddwl. A dyma hi'n dechra ar Ysgol Sul a gweithgaredda cymunedol yn y ganolfan newydd.

Mererid Williams

Sister Emily, dach chi 'di gweld ei llun hi yn yr offis? Fel 'na odd hi'n gwisgo pob un tro, os oedd hi yn y capal dydd Sul neu os odd hi allan. Y ddynas mwya brilliant a ffeind. Oddan ni'n mynd yna p'nawn dydd Sul ar gyfer ysgol Sul. Oddan ni'n gweddïo, canu, ac odd hi'n gneud llunia a gofyn beth oddem ni'n meddwl o Iesu Grist.

Jen Mullender

Sister Emily tu allan i Noddfa. Llun: Canolfan Noddfa, Peblig

Ond oedd Sister Emily hefyd yn nabod pobol y stad. Oedd hi'n helpu os oedd rhywun mewn angen. Fasa hi'n aml yn cefnogi pobol os oedden nhw yn y llys, falla rhywun wedi mynd i mewn i ddyled. Ia. Oedd hi'n advocate fel baswn i'n deud heddiw. Ond oedd hi'n reit strict, isio byw yn iawn. "Dyna be ma'r Beibl yn ddeud, ma isio gwrando, ma isio gwneud," medda hi.

Mererid Williams

Ysgol Sul Capel Noddfa Ionawr 1961. Llun: Canolfan Noddfa

Er nad oedd Sister Emily wedi ei hordeinio fel y cyfryw, roedd hi'n cael bedyddio. Ac wrth i'r amser fynd yn ei flaen, erbyn tua dechra'r chwedega roedd 'na gymaint o weithgaredda yn Noddfa fel bod angan adeilad gwell. Felly wnaethon nhw godi arian, y gymuned a'r eglwys Bresbyteraidd efo'i gilydd, er mwyn adeiladu'r Noddfa sydd yno heddiw. Oedd hynna yn un naw chwech chwech. Ond be sy'n reit drist, erbyn dechra'r saithdega roedd nifer aeloda'r capel wedi mynd yn fach ac oeddan nhw'n methu cynnal yr adeilad, felly wnath y Cyngor Sir gymyd y Noddfa drosodd fel canolfan gymunedol.

Mererid Williams

"Cownsil sy 'di cymyd y Ganolfan drosodd rŵan. Rhaid ti dalu am bob dim rŵan. Capal odd o."

"Odd 'na groes ar y tŵr bach ar ben y capal, fel'na."

"Sister Emily, y hi odd yn rhedag y lle."

"Pan odd y gŵr yn hogyn bach, oedd o a hogia erill o'i oed o yn helpu i gario brics, i wneud y lle newydd. Pawb tshipio mewn, a nhw wnath fanna. Wedyn odd o'n lle i'r community yn doedd, pob dim yn cal ei neud yna."

"Odd 'na sleids yna, cae chwara mawr."

Marian a Gary Brownley

Dros y blynyddoedd ma'r Noddfa wedi cal jymbl sêls, borea coffi, partis, partis Dolig, arddangosfa adar. Llynedd o'n i'n cloi un diwrnod a dyma 'na drelyrs yn cyrradd ac oeddan nhw'n dod i osod stands, achos oedd 'na ffair adar yn mynd i fod. Ma pobol ar y stad dal i gadw colomennod a 'dach chi'n gweld rhai ohonyn weithia – adar mawr, tew, sgleiniog efo band ar y goes.

Ma'r pysgotwr, Gary, mae o'n byw dros y ffor' i'r Noddfa, mae o'n dod yma weithia i drwsio'i rwydi yng nghefn y Ganolfan, estyn nhw allan a thrwsio'r tylla.

Mererid Williams

CAERNARFON GOLL

O dan y Dre 'ma, mae 'na dre arall. Ma 'na seleri, ma 'na dwneli ymhobman. O dan Neuadd y Farchnad ma 'na lwyth ohonyn nhw, fatha llefydd i gadw cwrw a gwin a hyn a'r llall, seleri mawr, ti'n gwbo'. A ma 'na winsh yna. Mi ddylsa llefydd felly fod yn agorad i bobol ga'l eu gweld nhw.

A ma be ddigwyddodd i'r Porth Mawr a'r cloc ar ei ben o yn warthus! Eu bod nhw 'di cal gwarad o adeilad hollol wych reit ar ben y bont fach oedd yn arfar croesi'r afon Cadnant islaw – fel y Ponte Vecchio yn Firenze ar raddfa fychan. Odd pobol yn byw yn yr adeilad ar y bont fach 'na! A sinema'r Guildhall yn y top. Meddyliwch – jest rhoi clec iddo fo! Ma 'na gymaint 'da ni 'di golli . . .

Emrys Llywelyn

Adeiladwyd y Guildhall yn 1872. Roedd gan y cloc ar ei ben bedwar wyneb ac wedi ei osod ar ben tŵr uchel. Dywedir fod pobol yn gallu dweud faint o'r gloch oedd hi o bob cyfeiriad. Mi allech chi ei weld o'r Maes ei hun, petaech chi'n sefyll ger Gwesty'r Castell, gan fod y tŵr yn ddigon tal i bobol ei weld dros ben yr adeiladau ar ochor arall y Maes.

Gwybodaeth gan T. Meirion Hughes

Porth Mawr a'r Guildhall.
Llun: Norman Phillips

Be faswn i'n licio gweld yn y Dre 'ma ydi Amgueddfa. A fel oedd ffrind yn deud wrtha i unwaith, beth am hanas y capeli, dylanwad Anghydffurfiaeth ar y Dre ac ar y bobol? Ma gen i atig yn y tŷ 'ma, ac oeddan ni'n sbïo allan trwy'r ffenest a medru cyfri naw o gapeli. Meddyliwch am ddylanwad pob un o rheina, nid yn unig yn grefyddol ond yn y diwylliant cymunedol ynte. Wedyn, Caernarfon fel canolfan Tref yr Inc. Ddaru nhw sefydlu gymaint o bapura newydd yma, a hyn wedi denu pobl alluog iawn i'r dref – llenorion, beirdd. Er enghraifft, E Morgan Humphreys. Oedd o'n byw yn y teras yma. Wedyn hanas milwrol. Beth am y barics yma? Mi fasa gwreiddia hwn 'di cychwyn adag Edward y Cyntaf, efo garsiwn y milwyr. Mi glywis i ryw gyn-reithor yn disgrifio'r milwyr oedd wedi cael eu cadw yn y garsiwn efo'r frawddeg, "O, y soldiars bach!" A minna'n gofyn iddo fo pam dach chi'n galw nhw'n 'soldiwrs bach' fel'na? "Hogia bach ifanc, pell oddi cartra, ac yn cael eu gyrru yma," medda fo.

A dyna chi'r adeilada, yr hen ysgolion. Yn anffodus mi ddaru cymaint o rheini ga'l eu chwalu efo'r hen lôn ofnadwy ma. O! Dyna chi beth anfaddeuol. Chwalu calon y Dre, ac i ddim byd mewn ffor'.

Norah Davies

Ma'n gwilydd o beth hefyd be sy'n digwydd i Capel Engedi – un o'r capeli tlysa odd gennon ni. Odd y nenfwd, wel, odd o fel rhywbeth allan o'r Renaissance; a fan'na priododd Mam efo Jos. A'r baths drosd yr Aber de, lido Fictorianaidd hyfryd, hwnnw'n cal clec hefyd. Stesion Carnarfon – trêns yn dod o Lundain yr holl ffordd i Gaernarfon. Ond dim otsh, ei chwalu o. Ond be sy'n newyddion da, rhag mod i'n cwyno trw'r amser, ydy bod Parc y Dre yn cal ei adfer, yn dow dow 'lly. Mi odd o un o'r parcia gora ym Mhrydain. Wedi ei adeiladu yn ôl yn 1882, yn cynnwys llyn, elyrch, rhesi o goed anfarth, planhigion a llwyni prin, ac aceri o le gwag, gwyrdd. Yn yr oes a fu fasa chdi'n cal band pres yn chwara 'na a ballu. Dŵr yn dod i mewn i'r llyn trwy ffiltyr a wedyn ffiltro allan nôl i'r môr efo'r llanw.

Emrys Llywelyn

Hoff amser chwara Mam pan oedd hi'n fach oedd gwario oriau yn Parc Dre, yn chware cuddio-a-chwilio. Lle glân oedd y parc, a'i rhieni hi'n gwbod lle oedd hi a'i bod hi'n saff. Roedd y gwarchodydd yn byw mewn tŷ yn y parc a bob amser yn glanhau'r sbwriel a chadw'r chwyn a'r coed i lawr. Doedd neb yn mynd yno i godi twrw ac yfed fel y mae hi rŵan. Oedd llawer o fywyd gwyllt yn y parc, fel chwiaid, elyrch, adar gwahanol a physgod. Does dim llawer o'r bywyd gwyllt i'w weld yn Parc Dre dyddia yma, ac mae'r lle wedi gor-dyfu, blêr, lle reit unig, ac yn codi ofn braidd.

Sam, Ysgol Syr Hugh

Alwyn Parry a'i deulu ym Mharc y Dre yn y pumdegau

Teml Mithras

Mi ddaeth Teml Mithras Segontium i'r golwg yn yr un naw chwedegau, i lawr rhyw ychydig o Ganolfan Noddfa. Daethpwyd o hyd i garreg arall hefyd yn y nawdegau, ac arni hi roedd cerfiad o'r duw Mawrth yn gwthio ymlaen efo'i waywffon a'i darian. Cafwyd y garreg hon mewn ffermdy jyst y tu allan i giât orllewinol y gaer. Mae hi'n ddarn o deml goll arall. Ac os oes Teml i Mithras yn Segontium, yna mae'n bosib iawn bod 'na deml arall eto, yn gysylltiedig â Heraeus, duw Groegaidd, neu fel oedd y Rhufeiniaid yn ei alw, Sol. Mae'n bosib bod gennym ni dair teml rhywle yng Nghaernarfon, dwy heb eu darganfod eto.

Mae'r enwau Mithras a Sol yn gysylltiedig â'i gilydd, a Sol oedd duw'r golau. Roedd templau

Mithras fel arfer o dan ddaear un ai mewn ogof neu strwythur tanddaearol. Roedd y seremonïau yn gyfrinachol ac yn cael eu perfformio gan aelodau newydd oedd yn gorfod pasio saith gradd. Yng ngolwg y milwyr roedd Mithras bron mor gysgredig â Iesu Grist. Edrychent i fyny ato yn eu bywyd bob dydd. Roedd bywyd milwr yn un digon garw. Doedd ganddo fo ddim syniad o un dydd i'r llall os y byddai o fyw neu peidio. Felly roedd rhai ohonyn nhw yn chwilio am reswm, arweiniad. Rhoddai Mithras hynny iddyn nhw. Mithras a achubodd Ddynoliaeth, drwy ladd tarw mewn ogof.

Ymysg saith gradd Mithras mae: Y Gigfran – ac mi oedd ganddyn nhw aelodau go iawn wedi eu gwisgo fel cigfrain; y Llew – roedd hwnnw'n ymwneud â thân; a gradd arall eto, oedd yn cael ei chynrychioli gan

Y Duw Mawrth   Llun Angie

ffigwr yn gwisgo gorchudd pen. Gwyddom fod ganddynt mewn teml arferol ddau ffigwr arall, un yn dal ffagl tuag at i lawr, a'r llall yn dal ffagl at i fyny. Tywyllwch/ Golau.

Roedd gan demlau Segontium lechi, nid teils. Hefyd yn nhemlau eraill Mithras byddai un twll mynedfa yn unig, ond yn Segontium, yn anarferol, roedd 'na ddau. Cynnwys y Wledd Gysegredig fyddai pysgod a chregyn – efo 'garum' mae'n siŵr!

Karl Banholzer

Glan y môr

"'Sgennom ni'r mo'r glan-y-môr gora, ond glan-y-môr ni ydi o de, a mae o'n dal yn lle bwysig. O'n i'n mynd i hel cregyn gleision a cocos efo Dad gyda'r nos."

"A ni!"

"A mynd i Foryd de. Fanna o'n i'n mynd efo nhad. Fanna wnesh i gerddad efo fo am y tro dwytha cyn iddo fo farw, draw at yr eglwys yn fanna. O'n i'n ffrindia mawr efo Dad. Atgofion hapus iawn o fynd am dro a rhoid y byd yn ei le. A fanna wncsh i ga'l dêt cynta fi efo Dylan. Bora'n priodas ni, wnathom ni gyfarfod yn y Foryd am saith o'r gloch bora cyn y br'odas! Ia, ma Foryd yn bwysig. O'n i'n rhedag efo mrawd mawr yna, sti. Mae o ddeuddeg mlynadd yn hŷn na fi ac odd o'n mynd efo fi i redag yna. Wedyn, pan o'n i'n fach, oedd Mam yn mynd efo fi i'r Foryd heibio'r castall, ac yn deud – 'Dos i weld os 'di Nain yn tŷ'. Tŷ Nain odd y castall! So o'n i'n cnocio drws y castall pob tro! Ha ha!"

Llun Angie

"Ia, i fi, mae gweld y dŵr yn bwysig iawn – jyst bod yn agos iddo fo. Faswn i'm yn hoffi bod yng nghefn gwlad heb fod yn agos at ddŵr."

"Dydi dy gartra ddim yn bell o'r dŵr, ti'n gweithio wrth ymyl dŵr . . . "

"I fi, ma'r dŵr yn fwy pwysig na'r mynyddodd."

"Ia."

Sharon Jones a Carys Fox

Sharon a Dylan

Odd na bwll nofio yma – ar y Foryd. Dros yr Aber. Baths Dre. Oddan ni'n mynd yna, 'chos pan oddem ni'n blant odd na ddim indoor swimming pool 'ma. Oddan ni'n gorod cerddad lawr ato fo trwy Coed Alun a Coed Helen. Oddan ni'n cerdded tua pedwar milltir! Ond odd o werth o pan oddan ni'n cyrradd. Oddan ni di gwirioni ca'l mynd i nofio – 'chos odd hi'n peth mawr adag yna. Dodd gennom ni ddim pres i fynd i nunlla, na gneud dim byd, wedyn hwnna odd ein day-out ni!

Baths Dre. Llun: Caernarfon Memory Lane

Heidi Jones

Oddan ni fel criw mynd lawr i'r dŵr ar ochor y dre, nofio at y garrag ac yn ôl, ac oddan ni'n ca'l ticed wedyn i fynd dros yr Abar, dros y bont, ticed bach fel'na, a mynd i'r lle swimming pool. Ond do'n i ddim yn nofio, ia. Do'n i'm ofn, hm, hm! Dim ond mynd at y wal ac eistedd ar y top, fatha galeri! Mi odd na rai'n chwara ar y sand tu allan i'r pwll, ia. Odd na lot yn hel cocos a petha felly, a byta picnics – brechdana bananas, paste a petha felly. O'n i'n licio chicken paste, a mam yn gwneud lot o frechdana bach ham. Oddan ni'n joio'n hunain, ia.

Carys Fox

Mam dysgodd fi i nofio, wnath hi roid fi ar i chefn i fynd i'r dŵr a wnath hi nofio reit i'r pen dwfn a tynnu fi oddi ar ei chefn a deud, "OK, sink or swim!" A be wnesh i ond padlo fatha ci! Ha! Dodd gen i'm dewis ond nofio. Dwi'n gwbod fasa hi ddim 'di gadal fi boddi – ond yn fy mhen i, dwi'n goro gneud neu dwi'n mynd i foddi! A fel'na wnesh i ddysgu nofio. Fel'na ma na lot o blant yn y dre ma 'di dysgu, eu mama a tada nhw wedi mynd efo nhw reit i'r pen draw a 'di gollwng nhw. Ond mae 'di gweithio, yndo! Ha ha!

Heidi Jones

Odd 'na tua cant o bobol pob penwythnos yn deifio oddi wrth walia Porth yr Aur. Odd y Baths ar agor hefyd. Wnath fy nhad achub dipyn o blant rhag boddi a gath o Royal Humane Society Award am achub ryw foi. Esh i efo fo lawr i Lundain, i amgueddfa yn Faringdon.

Richard Pritchard

Ein dewis ni i nofio oedd Porth yr Aur bob tro. Gyda'i dyfiant tew o wymon esmwyth dros furiau'r môr, caem ein hannog i chwilio a darganfod trysorau anhygoel o fywyd môr – heb sôn am eitemau o sbwriel amrywiol. Un tro mi ddaethon ni ar draws darn hir o beipen gopor, ac wrth i fy ffrind chwythu'n gryf drwyddi, mi lwyddodd i greu dynwarediad rhyfeddol o hwtar cwch oedd eisiau pasio dan bont yr aber. O ganlyniad i'r 'alwad' sydyn hon, rasiodd ein hewyrth a cheidwad y bont beiriannol i'w symud i'r ochor. A ninnau gwylio'n hwyliog o'r lan, fe'u gwelsom yn baglu i gau'r ddwy giât bob pen i'r bont, cyn dringo'n wyllt i fyny'r tŵr gwylio. Hanner ffordd i fyny, mi sylwon gyda gwên ar ei rwystredigaeth amlwg, wrth edrych tua'r môr a sylwi nad oedd unrhyw gwch o fewn golwg. Y cwbwl welai ein hewyrth druan oedd dau fachgen bach yn sefyll ar lanfa Lee Ho yn marw chwerthin gan chwifio darn o beipen gopor!

Alwyn Parry

ATGOFION PWYSIG

Disgyblion Ysgol Yr Hendre

Oedd Dad fi yn cofio mynd efo'i ffrindiau a gwneud dens yn y coed. Mam yn cofio mynd i Segontium a Peblig a ddim yn deall beth oedd pobl yn ddweud oherwydd ei bod hi'n siarad Cymraeg o Dde Cymru, a phawb arall yn siarad iaith Cofi.

Ioan Edwards, Ysgol yr Hendre

Mam yn cofio'r:

1980au:
Roedd gorsaf fysiau ar y Maes.

Mynd hefo'i mam i Gaffi Cadora am hufen iâ neu siop Mr Bertorelli am felysion, cyn mynd adref ar fws glas Seren Arian.

Mynd i siop Woolworths yn Stryd Llyn i brynu recordiau ar ddydd Sadwrn.

Gwylio y ras pram flynyddol lle roedd y rhedwyr yn gwthio coetsys a gwisgo gwisg ffansi.

Mark Hughes yn chwarae pêl-droed yn yr Oval tra'n ffilmio *C'mon Midffild.*

1990au:
Mynd ar y ceffyl siglo pren yn siop McIlroys a mynd i ddisgos pobl ifanc yn y Dome (y Majestic gynt) cyn i'r ddau le losgi lawr.

Mynd i siop sglodion Twtil yn ystod awr ginio yn Ysgol Syr Hugh Owen a mynd i siop Ara Deg neu Post Bach ar ôl ysgol i brynu melysion a chylchgronau.

Gweld y Tywysog Charles (nawr y Brenin), Anthony Hopkins a Harry Secombe yn ystod dathliadau chwarter canrif ers coroni Charles yng nghastell Caernarfon.

2000au:
Adeiladu Galeri a safle newydd Doc Fictoria ac adnewyddu'r Maes.

Thomas Kenyon, Ysgol yr Hendre

Oedd Dad yn mynd i lle Segontium a chwara pêl-droed. Rydw i'n hoffi chwara pêl-droed ac yn cofio mynd i Museum Segontium efo'r ysgol yn mlwyddyn 2.

Sion Beckett, Ysgol yr Hendre

Atgof Mam o Gaernarfon yw ei bod hi bob amser yn cael mynd yno ar benwythnos gyda Nain a Taid am bicnic dros yr Aber, a cael mynd ar y cae chwarae a wedyn mynd am hufen iâ o'r fan. Yn aml roedd hi'n cael mynd i'r parc i roi bwyd i'r hwyiaid, a mynd am bicnic. Mynd am dro i Gaea'r Afon a chael dysgu nofio yn yr afon yn yr haf. Hoffi gweld Caernarfon yn brysur gyda'r Ŵyl Fwyd lle mae gwahanol stondinau i'w gweld a gwahanol fwydydd i'w blasu.

Atgof gorau Taid yw mynd i Gaernarfon Baths dros yr Aber.

Pysgota ar y môr.

Ar y Maes yn chwarae beic hefo'i ffrindia fo.

Lili Green, Ysgol yr Hendre

Dad yn cofio:

Mynd i weld Taid yn ei waith yn depo Shell ar safle fflatiau doc Fictoria. Roedd llongau tancar mawr oedd yn dal olew yno.

Siop sgidiau o'r enw Siop y Ddraig wrth ymyl Porth Mawr.

Banc Lloyds ar safle'r siop bwcis drws nesaf i Wetherspoon.

Bwyty Lee Ho neu'r Floating Restaurant ar y dŵr wrth ymyl yr Anglesey.

Mynd i weld Nain yn siop wlân Melin Bryncir ar y Maes.

Math Roberts, Ysgol Syr Hugh

Nain yn cofio:

Trên yn dwad o lefydd bell fel Lerpwl, ac yn syth mewn i ganol Dre.

Pafiliwn mawr wrth lle ma'r llyfrgell rŵan, hefo ffair, big whîl a cwrt tenis ynddo fo.

Taid yn cofio:
Llongau mawr yn dod â petrol i bobol.
Llongau mawr yn dod â pren i'r doc.

Lois Roddick-Williams, Ysgol Syr Hugh

'Yma wyf inna' i fod'
Meirion Macintyre Huws

Disgyblion Ysgol Syr Hugh Owen

YMA WYF INNA I FOD

"A dwi'n licio'r ffaith bod Carnarfon 'di cadw'r Gymraeg – er bod o'n gymysgedd o Gofi a dipyn o Saesneg hefyd. Ond sna'm rhaid i Gymraeg bod yn iaith perffaith 'chos ma iaith Cofi yn iaith sbesial yndi."

"Iaith llcol chdi a fi de."

"'Rasal' oeddan nhw'n galw brawd fi am 'i fod o mor dena, ond achos bo' fi hyd yn oed yn deneuach, oeddan nhw'n galw fi'n 'Sbeshial Bransh'! Eniwé, o'n i yn Rome unwaith de, a wnesh i sefyll mewn ciw i weld y Coliseum, ac yn sydyn o ganol y criw mawr o bobol dyma'r boi ma'n gweiddi mewn llais mawr, "Hei, chwaer Rasal wt ti de!" Yn *ganol* Rome, meddylia! Ha ha!"

"Ha ha ha!"

"Ac unwaith wnathon ni dechra siarad efo'n gilydd, er o'n i rioed di gweld y boi o'r blaen, 'sach chdi'n taeru bod ni'n nabod yn gilydd ers blynyddodd! 'Chos *Hogyn Dre* odd o de!"

Sharon Jones a Carys Fox

Mae'r Dre'n unigryw, ma'r safla mor hyfryd. A ma'r hanas yn drwm arnon ni. Dach chi ddim jyst yn gweld walia – ond y bobol oedd yna.

Norah Davies

Odd o ddim yn amsar hir, o dan infflwens fy step-mother, tan wnes i dechra offendio eto a ca'l y nal. Yn Birmingham odd hynna. Fel delinquent oeddan nhw'n sbïo arna'i. A wedyn ar ôl chydig, crime became normal for me. I stole, fought, cheated, lied – you name it, I did it.

Joinio street gangs, dwyn odd ar pobol yn y stryd. Yn diwadd es i i bob math o juvenile courts, pob math o assessment centres. Pan o'n i'n trio deud wrth rywun am y step-mother oedd gen i, oeddan nhw byth yn coelio fi. Odd hi'n violent. And I mean violence, I mean cruelty beyond. Not just to me, to other kids as well. Y rheswm 'dwi'n deud hyn wrthoch chdi ydi dim am sympathy, ond hyn ddaru digwydd i mi, ia. So i mi, fan'ma, fan'ma yn Carnarfon, this is my redemption. This . . . is my place of peace.

Kenny Khan

Mae'r meddyg yn dweud y byddaf yn llithro ymaith cyn hir ac na fyddaf yn cymryd unrhyw ddiddordeb mewn bywyd o fewn rhai wythnosau prin. Hoffwn felly (rhag ofn i'r diagnosis fod yn gywir) ddweud 'adieu' i Faer, henaduriaid, cynghorwyr a bwrdeisiaid Caernarfon.

Fel pawb arall, cefais fy anawsterau. Deuthum ar eu traws yn ystod y rhyfel diwethaf, pan yn hwylio ar y môr, ac ynghanol cwrs cyffredin bywyd. Ond pan fyddai pethau'n wirioneddol ddrwg arnaf, dywedwn wrthyf fy hun: "Beth fuasai gŵr rhydd o Gaernarfon yn ei wneud o hyn?" A deuai'r ateb i mi bob tro – y byddai gŵr rhydd o Gaernarfon bob amser yn para i wneud y gwaith mewn llaw. Hyn a wnes. A diflannodd yr anawsterau.

**Grŵp Gapten Lionel Brabazon Rees. (1884-1955)
Ysgrifenedig at y Maer a'r Gorfforaeth**

Ma pawb yn nabod 'i gilydd 'ma. Ma pawb yn perthyn i ni! Wedi priodi hwn, wedi priodi hwnna. A does nunlla fath ag adra yn diwadd. Nunlla. Ha ha! Yn nagoes Georgie!

Tony Lovell

Tony a Georgie